Tachibana
Business
Shinsyo

これが経営者の根性の出し方です

深見東州

Revealing
the Secrets
of Success in
Business

JN175968

TTJ・たちばな出版

本書は、平成十七年六月に弊社より発刊された
『経営者よ気概を持て──成功する実践経営論』を再編集のうえ発行しました。

新書判のまえがき

著名なカリスマ企業経営者は、ドグマや教派にとらわれない、普遍的な神仏への信仰を持ち、それを心のよりどころにした人が多い。

出光興産創業者の出光佐三氏は、宗像大社の熱心な崇敬者で知られる。西武グループ創始者の堤康次郎氏は、箱根神社の熱心な崇敬者。〝経営の神様〟松下幸之助氏は、会社の敷地内に〝根源の社〟を建立する。東芝の社長・会長を歴任した土光敏夫氏は、熱心な法華経崇敬者だった。また、京セラ・ＫＤＤＩ創業者の稲盛和夫氏や、協和発酵工業の創業者加藤辨三郎氏、エスエス製薬の創業者泰道照山氏も、熱心な仏教者として知られる。そして、〝Ｃａｎｏｎ〟が、〝観音〟から来てる事はあまりにも有名。

カリスマ経営者として知られるようになった私も、25歳で大学受験予備校を創業し、28歳で時計会社、36歳で出版社、観光会社を設立した。そして、37歳の時、海外で家具屋やヨットのマリーナ、ホテルを買収し、海外での経営を始めた。こうして、信仰に基づくチャレンジを続けたのである。今は、国内外に十数社を経営し、全てを成功させてるつもりだ。

何教であるかは関係ない。普遍的な信仰に基づく、経営者のあり方を本書で紹介する。これを参考にして、自分に合った経営法を編み出し、不屈の精神力で成功して頂きたい。信念は、折れれば挫折するが、信仰に挫折はない。だから、不屈の精神力の支えになるのである。皆様の成功を、心よりお祈り申し上げます。

知の阪神　深見東州
本名　半田晴久
別名　戸渡阿見

はじめに

私は、経営者の方から寄せられる質問にお答えする連載を、『週刊文春』で三年以上つづけてきました。たとえどんなに忙しいときでも、毎回何時間もかけて原稿を書き、出来上がった原稿に再び赤を何度も入れます。ときには、元の原稿が真っ赤になるくらい推敲してお答えしてきたつもりです。

というのは、私もゼロから会社を興してきた人間であり、当然、皆様と同じように、いくつもの壁に遭遇し、悩み、葛藤してきました。それは、試行錯誤の連続であると同時に、その都度、困難を何とか乗り越え、人や運にも助けられた毎日でした。そして、いまでは、国内外で十数社の会社を軌道に乗せるまでに至っています。

経営者は、絶対に会社を潰してはなりません。経営者には、それだけの大きな社会的責任があるのです。人に相談したいことは山ほどありますが、最終的な判断は、経営者自らが下さなければなりません。そして、毎月の資金繰りや従業員のことでは、常に神経を摩耗するばかり……。その重圧たるやいかばかりか。きっと皆様も、同じ思いでおられることでしょう。そう思うからこそ、筆に力が入り、心を尽くして来たわけです。

ところで、この連載をつづけてきて、たくさんのご感想を頂戴しました。

「私も経営者ですが、私が常々思っていることを、深見さんがすべて代弁してくれています。読んでいてとても爽快です。この人が他に出している本はありませんか」

「とにかく深見氏の連載には、机上の空論が一度もない。この人の講演会か何かがあったら、ぜひ行ってみたい」

「毎回楽しく読ませていただいていますが、ぜひ一冊の本にまとめていただけないでしょうか」

このようなご感想をお寄せいただいて、大変うれしく思いました。連載のすべてに、私の心意気を書いてきましたが、それが伝わる人には伝わったようです。

私は今もなお、社員と一緒に汗を流しつづけ、さらに、社員の何倍も徹底的に働く努力をしているつもりです。会社経営は、経営者の志と気概、精神力、そして、人間としての総合能力こそが生命であり、それが、すべてであると言っても過言ではありません。特に、中小企業においては、百二十パーセントがそうでしょう。そして、その生命力が生き生きとしていて、地道な努力を積み重ね、時に思い切って行動するしか、発展の道はないのです。

最後に、この本がその意味で会社発展のヒントになり、皆様のお役に立てれば、これにまさる喜びはありません。

深見東州

これが経営者の根性の出し方です　もくじ

これが経営者の根性の出し方です

リストラなど先行きに不安を抱えて心が集中できず、仕事がはかどりません。

Q 私が勤務する会社でもリストラが始まりました。それでなくても先行きの不安を抱えていろいろと迷うことが多く集中力に欠けているのですが、人員が減った分、仕事量は増える一方です。周囲からも決断が遅くなったと言われて自信を失いかけています。

東京都小平市　K・Iさん（36歳）

A あちらを見ても、こちらを見ても、「やれ不景気だ、リストラだ」と将来に不安を抱かせるような情報が、嫌というほど溢れています。どんなに頑張ってこられた方でも、こうした状況下では、少なからず心が動揺してしまうのはやむを得ないのかもしれません。

しかし、心がざわついていたのでは仕事は停滞するばかりです。仕事に集中できず、決断が鈍ってきたとおっしゃいますが、決断ができないというのは、その決断によって未来はどうなるのだろうか、とか、失敗したらどうしよう、これでいいのか、などと迷ったり不安に思ったりするから決断できないのです。

仕事をしている時に、ふと油断したり、手を休めてしまうと、「この決断を下して失敗したらリストラされるのではないか」とか、まだ来てもいない未来のことを思い煩《わずら》ったり、自分にこんなに多くの仕事をこなす能力があるのだろうか、などと迷いの心が現れてくるのです。

「間《ま》が空くから魔《ま》が入る」と言いますが、間が空いてボーッとしていたり、なにか心配ごとがあったりしますと、間が空いて魔が入ります。間、つまりスキです。そういうものがあるから煩悩《ぼんのう》にとらわれるのです。

いくつもの仕事をテキパキとやりこなしている人というのは、未来や失敗のことなどを考えて時間を無駄にしたりはしません。目の前にあることを着実にひとつずつ片づけていく、それ以外は考えていないのです。こういう人には、魔が入るスキがありません。

つまり、迷いや不安があるから仕事が出来ないのではなく、目一杯仕事が出来ていないから間が空いて、迷いや不安が起きてしまうのです。

今のあなたのように、漠然と将来のことや過去のことを考えていますと、その思いに引きずられて過去の忌まわしい出来事や、将来への不安が芋蔓式《いもづる》にズルズルと引っ張られてきて、雑念妄想《ざつねんもうそう》にとらわれてしまいます。

こういう時は、間を空けないようにご自分の心を管理しなければなりません。漠然と人生を考えるから、雑念妄想の餌食《えじき》になるのです。そうではなく、今目の前にあるこの瞬間瞬間だけに集中すればいいのです。


明日はどうなる、三年後はどうなるのだろう、などと漠然と人生を見るのではなく、今日一日、この半日、この三時間、この三十分と、人生を短く区切ってみるのです。この三十分を精一杯生きようと思って、そこに集中していけば、雑念妄想が付け入るスキがありません。心がいつも落ち着いて心がザワザワすることがありませんから、ただひたすら目の前にあることに集中できます。

そして、三十分集中したら次の三十分になすべきことに全力を傾ける。これが三時間となり、半日となり、一日が終わったときには、ご自分でも驚くほど仕事が片づいているはずです。

結果を出してくれる人材を、会社はリストラしません。人生を短く区切って、ただひたすら目前の仕事に一生懸命励むだけで、あなたの悩みは即解決するでしょう。また、未来の設計も現在の充実と成功の上に、自《おの》ずから出来上がるものです。しかも、極めて具体的に、かつ、人々の協力や応援を得て。

（二〇〇一年十月）

転属してきた女性の上司と反りが合わず、ストレスが溜まる一方です。

Q アパレル関係の仕事をしているのですが、最近転属してきた女性の上司との人間関係で悩んでいます。上にはヘコヘコしているくせに、部下には辛く当たるのです。人間的にも冷たく、こんな上司の下で仕事をつづけていくのかと思うと、会社に行くのも嫌になってしまいます。

大阪府寝屋川市　R・Uさん（25歳）

A なぜ対人関係で腹が立ったり、がっかりしたり、悩むかといいますと、心の奥に期待感があるからです。「こうあってほしいのに、そうじゃない」「こう言ってほしいのに、こんな言い方をされた」と思うから腹が立つのです。あなたの場合なら、「上司というのはそんなもんでしょう」と思っていれば腹も立ちません。

こんなふうに相手に期待する気持ちを捨てると、寛容性が生まれてきて、スーッとイライラが消えます。そこで、客観的に上司を見ていくと、上司の長所と短所が見えてきます。短所は、まず二百パーセント直りませんから、目をつぶるか、無視してしまいましょう。そんな上司はどこにでも居るのだからと思って、あきらめてしまえばよいのです。

そのかわり、長所は褒めたたえます。褒めたたえられると相手の上司も嫌な気はしませんから、褒めてくれたあなたに好感を持ち、必ずあなたにプラスのものを返してきます。

人にはそれぞれ、そこを突くと怒ったり、あるいは嬉しがったりするポイントがあるものです。たとえば、顔には自信がなくても、長くスラリと伸びた脚には自信があるという女性なら、そこをツッと突いて褒めてあげます。すると、「えっ、そうですかあ。そんなことを言っても私はブスですから」と言いながらも、嬉しそうにニコニコしています。

逆に、これを言うと腹を立てるという怒りのポイントがあって、そこをツッと突くとウオーッウオーッと怒り出します。縁日で見たことがあると思いますが、鬼がいて玉を投げる。真ん中の的に当たると鬼がウオーッと叫ぶ、あれです。たとえば、外見上のことだとか、本人が劣等感を持っているようなところを突かれると、プライドを傷つけられたとばかりに怒り叫ぶのです。

まず、あなたの上司のどこが怒るポイントで、どこが喜ぶポイントなのかを、よく分析してください。そして、なるべく怒るポイントには触れずに、喜ぶポイントをいつも突いていくようにしていればよいのです。

よく観察すればわかりますが、怒るポイントというのはそれほど多くはありません。そこは刺激せず、喜ぶポイントをどんどん突いてあげるのです。すると、今まで冷たく思えていた上司が、ニコニコと自分に対して笑顔になり、必ずあなたに何かプラスを返してくれるようになります。これが対人関係における「技の見切り」であり、このことで悩まなくなる積極的な解決のコツなのです。

（二〇〇一年十一月）

仕事が手詰まりになって成果が上がりません。結果を出す方法をお教えください。

Q 流通関係の仕事をしているのですが、この不景気で売り上げは下がる一方です。仕事の手順を変えたり、新しいソフトを導入したりしているのですが、結果に結びつかず手詰まり状態です。結果を出すにはどうしたらいいのでしょうか？

千葉県市川市　Y・Tさん（36歳）

A 不景気の時にはいくつかの方法が考えられますが、まず最初に考えなければならないのは、余計な経費をなくし、無駄な経費を削除していくということです。ただし、売り上げを減退させる影響を及ぼす経費まで削減するのは削減のしすぎです。あくまでも売り上げが落ちないという前提のもとで、無駄な経費や余計な経費を削除することが必要です。

ところで、無駄な経費か無駄ではない経費かをどこで判断するかといえば、その経費を下げることによって売り上げが落ちてしまうとか、粗利益が取れる内容が阻害されるような経費まで削減してしまうと、逆に会社が衰退の方向に向かってしまう。それは削減のしすぎです。つまり、売り上げや粗利益を上げるために必要な経費は、無駄な経費ではなく、必要な経費です。無駄な経費は落とさなければならないのですが、必要経費はかけないといけません。売り上げを上げ、利益を出すために必要な経費かそうでないかを徹底して調べ、景気のよかったときにあった、無駄で余剰な経費を削減すること。これがまず第一です。

次にいえることは、不景気になってくると、世の中全体の消費が落ち込むわけですから、全体の売り上げの絶対的金額がどこでも落ち込むわけです。だから、売り上げよりも利益率を上げる考え方に切り替えることが大切です。つまり、売り上げを上げる体制から利益率を上げていく方向に転換するのです。そのためには、粗利益の取れるものやサービスは置いておき、さらにそこを伸ばす努力が必要です。次に、粗利益の薄いものをやめていく努力をするのです。

だいたい、売り上げが二割落ちると利益が半分になり、売り上げが三割落ちると赤字だと言われています。つまり、三十パーセント売り上げが落ちたら、もうどんな会社でも赤字です。

売り上げが三十パーセント落ちても赤字にならないためには、先ほども申し上げたように、余計な経費や無駄な経費をなくすこと。それから、粗利益の取れる商品やサービスに販売構成を変化させることが肝心です。つまり、売り上げ至上主義から利益率至上主義に価値観を転換していくこと。これが第二のポイントです。

そもそも、会社にとって無駄なものや余剰なものをなくしていくことは、不景気や不況のときこそチャンスなのです。景気のいいときには、やはりどこでも無駄が多いわけですから、不況を乗り越えたときというのは、結果、企業にとっての、新しい飛躍と脱皮ができていることになるわけです。

人は運のいいときには能力と才能が世に認められますが、傲慢《ごうまん》なところ、自分の嫌な面が出てくると、やがて不幸・不運になり、衰退に向かっていきます。そういう状況になって人は初めて、謙虚になって一生懸命努力して本当の実力がつくわけです。それを見事に乗り越えて、今度また運がよくなったときには、すごい実力が開花するのです。

同じように事業も、不景気のときは、会社の本当の実力が最も試されるときなのです。そういう努力をつづけていくと、再び景気がよくなったとき、うんと業績が伸びるわけです。ですから、不景気のときは、より脱皮して大きくなるための天の試練と受け止めて、今申し上げた努力をつづけていくことが必要です。

第三番目には、業績が伸びず、うまくいかなくなったとき、どうするかといいますと、マーケティング至上主義に変えていく必要があります。景気のいいときはある程度何でも売れていくのですが、結局は、本当に消費者のニーズに合うものだけが生き残っていくわけですから、商品開発をするとき、生産者や売る側、品物を作っている側の視点ではなく、あくまでも消費者が真に求めているものは何なのかという、マーケティングの原点に立ち戻ることです。やはり、お客様に直接触れ合って、いったい何が求められているのかということを、理屈ではなく、経営者自身がぶつかって、経営者自身の感性で真に求められているものをつかみ取ることが大切です。

つまり、顧客のニーズを捉えるために、直接、マーケットと顧客の中に飛び込んでいき、現場に行って、お客様が真に求めているものは何なのかを徹底的に調べ、そういう商品を作り、そういうサービスをしていく。その脱皮が必要なのです。するとやがて、企業の本当の実力がつき、企業体力が向上するわけです。そういう努力をしていくことが、不況のときには大切です。

たとえば、アサヒビールがビール業界で最下位だったころ、消費者のニーズやマーケティングから見て、本当に求められているビールを作ろうという原点に返って、あの「アサヒ・スーパードライ」が開発されたのです。お客様や顧客の求めているものは、ビールに切れ味とコクのあることだった。そのための酵素を開発し、さらに二十代、三十代の男性をターゲットにした辛口ビールを作った結果、「アサヒ・スーパードライ」が開発され、大ヒットしたのです。まさに、どん底からの立ち上がりであり、脱皮です。

マーケティングの原則、顧客のニーズの原点に返って、再出発したところが、ダントツ、ビール会社として成功した、大きな原動力になったのです。
以上、三つのポイントを申し上げましたが、不況もまた会社がより大きくなるためのビッグチャンスだと思って頑張ってください。

（二〇〇一年十二月）

デザイン事務所が、さらに発展する方法を教えてください。

Q 私はデザイン事務所を経営しているのですが、事務所がさらに発展し脱皮していく方法とポイントを教えてください。

神奈川県横浜市　Ｔ・Ｍさん（37歳）

A デザイン事務所がさらに発展し脱皮していくには、クライアント数を増やすことと注文を増やすこと、この二つに尽きます。そうやって、いっぱいクライアントと注文が増えたなかから、本当に素晴らしいデザインが出来上がって、評判と評価がだんだん上がっていくのです。

そもそも、一個や二個考えただけで、素晴らしい創作性や会社の実力が向上するはずがありません。それで、デザイン事務所が発展し脱皮することもあり得ません。

かくいう私も、次々といろいろなものを作りつづけています。品物を作れば俳句も作る。絵も描けば書も書きます。「これでもか！」というぐらいに作品を多産しています。作品をたくさん作っていくなかで、いいものが一個、二個出てくる。独創性や名作とはそういうものです。ですから、クライアントさんから、

「こんなのできませんか」

と仕事の依頼があったときは、天の声と思って、

「はい、できます！」

と、まず答えて仕事を請けましょう。仕事を請けた後で、どうしたらいいのかを考えるのです。お客様から注文も来ないのに、「私たちはこういうデザインが得意です」と言ってもしかたがありません。世の中で成功しているデザイン事務所の多くは、

「こんなデザインできませんか？」

とお客様から打診があったとき、

「はい、できますよ。それ、得意なんです」

と、まず仕事をいただくことを鉄則にしています。それからどうしたらいいのかを必死で考えて、その専門の友達などを血まなこになって探すのです。そして締め切りにはきっちり間に合わせ、結果として誠実な仕事になるよう、なにがなんでも努力するのが本当です。この努力のプロセスで脱皮が遂げられるのです。

とにかく、人は必死になればいろんな知恵が湧き、知らないうちに今の自分から脱皮できるものです。そしてその必死になる機会とは、実際に注文を受け、仕事を依頼され、締め切り日があり、厳しい目で支払いに値するかどうかを判断されるときです。つまり、仕事が人と会社を育て、顧客が会社を磨き、鍛えてくれるのです。だから、デザイン事務所が発展し脱皮する方法とは、顧客を増やし実際の注文を増やすことなのですが、そのなかで未知の仕事に対しても必死になり、なにがなんでも顧客が満足し、納得する仕事をするぞ、という柔軟性と気迫、情熱が特に必要なのです。

このことは芸術を志す人にも言えます。

つまり、「習作を作ることを厭《いと》うなかれ」なのです。逸品や名品を初めから作ろうとしてはいけません。とにかく必死で作品をどんどん作っていくなかに、きらっと光るいい作品が一個か二個出てくる。ピカソでもいったいどれだけの作品を作ったことでしょう。ベートーベンやモーツァルトもどれだけの作曲をしたことでしょう。そのなかで光り輝く作品は一個か二個なのです。松尾芭蕉にしても、いくつ俳句を作ったことでしょう。膨大な数です。そのうちの一つが、「古池や蛙飛び込む　水の音」。一番有名ですね。芭蕉にはいい作品がいくつもありますが、芭蕉の作った俳句の数は膨大なものです。

ですから、必死で、柔軟に、気迫と情熱をもってたくさんの作品を作っていくしかないのです。それ以外に芸術家の発展や脱皮も考えられません。創意工夫にしても、実際の作品から作品へと実作の結果で表現するしかない。何もないのに観念だけで考えて、「ああすべきだ、こうすべきだ」と言っても始まりません。

毎月の売り上げをどう上げていくのか、粗利をどう取っていくのか、経費をどうしていくのかなど、会社が成功することもしっかり考えて、一件でも多くのクライアントを増やしていく。そのなかから出てきた注文に対して、「ああ、いいですよ。お任せください」と言って、積極的にどんな仕事もいただき、あくまで実際の仕事のなかで全身全霊の創作性を振り絞り、脱皮と発展を遂げてください。
しっかり頑張ってください。

（二〇〇二年二月）

会社が行き詰まりそうです。何か打開する方法をぜひ教えてください。

Q 会社が行き詰まりそうです。社員が数名という小さな会社なのですが、何か打開する方法をぜひ教えてください。

福岡県福岡市　M・Nさん（41歳）

A このご質問だけでは、あなたの会社がどれくらいの規模で、どう会社が行き詰っているかはわかりづらいのですが、今日は会社経営の原理原則をお話ししたいと思います。この大変な不況の時に、売り上げが全然上がらなくなってしまったら、まず固定費を抑えて、小に徹することです。そもそも社員が三十人までの中小企業の場合、社長の商売の才覚が、社業の九十パーセントまでを占めると言われています。つまり、経営者自らが骨肉を痛ましめ、汗水垂らして労を惜しまずに、こつこつと、たとえ自分一人だけでも売って見せるぞと覚悟を決めて売り歩いていく、このしじみ売りの原点に返ることです。汗水を垂らして一生懸命やった分は、必ず利益になりますから、会社が行き詰ったら、あなたが最初に会社を起こしたときの原点に返ってみることです。そうしないと会社は絶対に再建できません。そして、どんなことでも自分がゼロから覚えて、自分一人でも完璧にやれるように技能と技術をマスターし、それを徹底的に磨くのです。社長自らが完璧にできて初めて、「こうするんだ!」と社員を使うことができるのです。

思い出してみてください。あなたが会社を創建した当時は、自ら仕事をもらってきて、やがて仕事がいっぱい入るようになってから社員を増やし、その仕事を社員に振り分けていったのではありませんか。会社が軌道に乗っていたときの原点はそこにあったはずです。ところが、長年会社を経営していると、最小限度の労力で最大の売り上げを求めようとして、だんだん己の心の中に、楽をして利益を得ようとする、いわゆる不精《ぶしょう》の心が根を張り出し、やがて会社は傾いていくのです。統計上、会社が倒産する一番の原因は「放漫経営」なのです。

私は自戒の意味も含めて、わが社員によく話をするのですが、あるハウスメーカーの社長が、「知恵を出せ、知恵を出せない者は汗を出せ、それができない者は会社を去れ！」と言っていることを、故・松下幸之助さんが聞いて、「そうかなあ。わしだったらこう言う。『社員はまず汗を流せ。その努力した汗の中から知恵を出せ。それができない者は会社を去れ』。こういうのがほんまや。もし、そんなことを社長が言うてたら、その会社は潰れてしまうで」と言ったそうです。確かに、汗を流して大変な思いをするより、知恵を出すほうが楽で格好いいですから、誰もが努力をしなくなります。しかしそれでは会社は潰れるのです。そのとおり、その会社は数年後に倒産してしまいました。

ですから私は、社員と一緒に汗を流すようにしています。いや、社員の何倍も働く努力をしています。あらゆることができる自分になるよう、社員の何倍も技術と技能を習得する研鑽《けんさん》を重ねています。そうでなければ、社員はついてきませんし、会社は潰れてしまいます。このあふれんばかりの気迫と気概が、社長には必要にして不可欠なものです。特に中小企業では、この率先垂範《そっせんすいはん》しかありません。中小企業の社員は会社のネームバリューや社会基盤の安定性や信用度ではなく、社長の人となりについて行くしかないからです。

ところで、人に指示したり、指揮したり、命令したりするのが上手になってくると、その浮いた分を自己向上のために使えばいいのですが、得てして人は、労を惜しむようになり、不精になっていき、やがてそれが自分の性格の中に巣を作ってしまうのです。そして、知らず知らずのうちに傲慢になり、人生を放漫のうちに過ごすようになります。ここから放漫経営が始まるのです。営業も財務も労務も、すべてが甘くなり、マーケットの変化にも取り残されるのです。

とにかく、汗水垂らして労を惜しまず、粘り強く、身を粉にして働くのが仕事の原点です。その原点に返れば、固定費も削減できますし、その分だけ利益が上がるはずです。曰く、「努力に追いつく貧乏はなし」です。この努力を不景気の時にしっかりしておけば、景気がよくなって売り上げが上がった時、それが全部収益につながるのです。そして注文がいっぱいきて、自分一人で手が回らなくなってきたら、社員を増やすとか、外注に頼んでいけばよいのです。景気がまた悪くなってきたら、外注などに頼まず、自分で仕事をこなし、パートなどで対応したりして、不況の時でも十分にやっていける態勢を整えることです。仕事・商売は「ならぬ堪忍、するが堪忍」です。人材の育成も売り上げや収益率の確保も、社会の信用を得るのも、ただひたすら忍耐につぐ忍耐。その忍耐の上に創意工夫があって、初めて繁栄がもたらされるのです。ピーター・F・ドラッカーの言うとおり、「マネジメント・イズ・ア・プラクティス――経営とは実践なり」なのです。

いま述べたとおり、仕事の原理原則に返り、あなたの会社をぜひ再建していただきたいと思います。

しっかり頑張ってください。

（二〇〇二年三月）

不況の波にのまれて倒産の危機に直面しています。突破口を見つけたいのですが。

Q 訪問販売の会社を経営してきましたが、不況のあおりを受けて倒産の危機を迎えています。従業員の生活を考えるとなんとかしなければと思うのですが、突破口が見つからずどうしていいかわかりません。何か知恵がありましたらお願いいたします。

千葉県千葉市　Ｔ・Ｎさん（52歳）

A 日々のご苦労はよくわかります。しかし、会社を倒産させるのも存続させるのも経営者のやる気ひとつです。周囲がどうであろうと会社は絶対大丈夫なんだと信じて疑わない。この、岩をも通す信念と実行力があれば、いっとき危なくなったとしても、またすぐに復活します。

野球のバッターには、三つのタイプがあると言われています。一つは、とにかく好きな球が来たら打つという、好球必打で、これが最初のランク。次は、相手の投手のクセを見抜いて、ボールを予測して打つバッター。そして、最高のバッターの場合は、打席に立っただけで、相手のピッチャーが自分の好きなコースに投げてくるのです。王貞治氏がそうでした。必ず打つと信じて疑わない心と気迫に、ピッチャーが呑まれてホームランボールを配球してしまう。

そういう気迫があったからこそ、あれだけの大記録を作ることができたのです。

営業も同じこと。打席に立ったとき、つまり、コンコンと営業先のドアを叩く瞬間の気構えで、ほぼ勝負は決まるものです。必ずうまくいくと信じて疑わない気持ちでドアを叩けば、相手はホームランボールを投げてきます。反対に、こんな不景気だし、とっくに他社と契約しているだろう、などと寸分でもネガティブな気持ちでドアを叩けば、バットに当てても、内野ゴロにしかならないクセ球を投げられてしまいます。

もちろん、気迫だけでは結果は出ません。

王貞治氏にしても、見えないところで、人の何倍も打撃技術を磨く努力をしたからこそ、相手ピッチャーを自分に引きつけることができたのです。

また、最高のバッターになると、それだけ汗をかいて精進していれば、何割かの確率で必ずホームランボールが来るという、統計的な確信を体験的に持っているものです。だからこそ、苦しいスランプの時期も乗り越えることができるのです。

営業をしていると、三件、四件ノックしてダメだと、今度もまたダメかもしれないと思うものです。しかし、経営者やトップセールスマンと言われる人は、そんなところで絶対にネガティブにはなりません。

なぜなら、彼らは最高のバッターと同じように、ひたすら汗を流していれば、必ず何割かの確率で成果が出るという統計的な法則を体で知っているからです。

たとえば、テレマーケティング。一万件に電話をかけて成果がゼロだったら、誰もやりません。しかし、百件に電話をすると、必ずそのうち数件が話を聞いてくれる。こういう統計的な裏付けがあるからこそ、テレマーケティングがあるわけです。

この法則がわかると、汗水垂らしてどこまでもノックしていく気概、勇猛心が湧いてきます。正しい努力をすれば、必ずそれだけのものが得られるということがわかれば、その努力目標に向かって、何も迷うことなく突き進むことができます。そして、結果的に努力の目標とした数値が達成されるのです。

調子が悪くなったときこそ、基本に返って汗水を流さなければならないのです。大打者と言われる選手は、スランプになればなるほど、基本に返って焦らず練習します。彼らは、正しく汗水を流せば、それだけの成果を得られることを体で知っているのです。

突破口が見つからないとおっしゃいますが、通常の三倍の汗水を流して、なすべきことをすべてやっていけば、おのずと突破口は開かれます。

まず、名刺を一千枚刷ってください。そして、その名刺がなくなるまで、お客様にお会いして、「よろしくお願いします」と、誠心誠意頭を下げていく。断られても、断られても、千人に会い、千件訪問していくなかで、必ずそのうちの何割かは仕事をくれるものです。これは百パーセントいただけるものなのです。この割合は、住宅の飛び込みセールスの割合ですが、的の絞り方が違うものの、これより低い割合の営業は、保険でも車でもあり得ないと思います。

そして、これは対人関係でも同じことが言えるのです。あなたに岩をも通すやる気があれば、いろいろとゴタゴタしていても、たとえ親しい人が十人いて、そのうち九人に背かれても、一人は必ずあなたに手を差し伸べてくれるものです。

昨今は確かに難しい経済情勢ですが、今こそ中小企業の経営者の方々は、努力は必ず一定の確率で報われるという法則に目を向けて、積極、勇猛果敢に精進すべき時だと思います。

ぜひとも他を圧する勇猛心をもち、三倍の努力の汗を流して、目前の危機を突破してください。

ご健闘をお祈りいたしております。

（二〇〇二年四月）

全社一丸となって営業目標に取り組む体質を作りたいのですが。

Q 私は運輸倉庫業とフォークリフトなど作業機材のリース業を営んでいますが、なかなか各部門が一致団結して営業にあたるということができません。全社一丸となって営業目標に取り組む体質を作りたいのですが、どうしたらよいでしょうか。

大阪府堺市　Y・Mさん（46歳）

A それはもう、社長が全社員の前で壮大な夢を語って、その気にさせるしかありません。あなたには、社員を感動させるアジ演説が足りないのではないでしょうか。たとえば、各部門の担当者に、君のところはこれが足りない、あなたのところはこうしたほうがいい、などと理詰めで話をすれば、確かに頭ではわかってくれるでしょう。しかし、それだけでは社員は燃えてくれないのです。やはり、社長は真実に基づく熱きホラを吹かなければいけない、ということなのです。

松下幸之助さんには、「二百五十年計画」という有名な話があります。二百五十年後に松下電器はこうなるんだ、という理想を、松下さんが社内でブチ上げたのです。「二百五十年後に誰が生きているんだ?」とふつうは思います。ところが、「その頃には、松下電器はこうなっている」という松下さんの壮大な夢物語に、全社員がウワーッと燃えたわけです。じゃあ、二百五十年後そうなるために、来年度は売り上げを二倍に伸ばそう、と言うと、本当に二倍増を達成する。二百五十年という夢で社員が燃えているので、本当に年に二倍増を成就してしまったのです。

キューバ革命が成功したのも、カストロ首相がつねに同志を燃えつづけさせたからです。革命軍はなかなか政府軍との戦いに勝てず、とうとう、ここで負けたらおしまい、というところまで追い込まれます。そして、いよいよ明日が最後の決戦というときのことです。

そういう場合、日本人なら、さしずめ決死の覚悟を固め、水盃を交わしながら、「ここまで来たんだから、お互い悔いを残すことなく、思いきり戦おう！　そして、散るときは見事に散っていこう！」などと、潔く誓い合ったりするところです。

ところが、そのときカストロはどうしたか。もう一度繰り返しますが、ずっと負けが込んできて、いよいよ明日が最後の決戦というときです。カストロは同志を全員並べて、一人ひとりにこう言いました。

「私の革命が成功したあかつきには、君は文部大臣だ。君は財務大臣だ。君は外務大臣、君は軍事大臣だ。みんなが大臣になって、理想の国を作ろう！」そして、革命の理想や革命成功後の理想など、それから延々と熱っぽく語ったのです。そうしたら、そこから再び燃えた革命軍は、最後の決戦から勝ち始め、劣勢を次第に挽回して、とうとうキューバ革命を成功させてしまったのです。熱い熱い大ボラを吹きまくり、完全に戦いを盛り返したわけです。社会主義国家が世界中でだめになったその後も、大ボラを吹きつづけてここまで来ているのですから、カストロはたいしたものです。民衆を引っぱって行くリーダーとは何か、を考えさせる人物です。

会社経営においても、松下幸之助さんのように、二百五十年後まで考えるかどうかは別にして、「五年後、十年後にこんな会社にするぞ！」と思うのは自由です。

そういう明るく前向きな熱き大ボラを、大きな声で、目をキラキラさせながら、つねに、具体的にも抽象的にもアジ演説をすることで、社長の情熱が伝わり、それで社員がみんなワクワクしてやる気になるのです。だからこそ、各部署がいくぞーっと、一丸となって頑張る気持ちになれるのです。それを、こっちの部署はこうして、とか、あっちの部署は目標がこうで、などといくら言っても、相手はパソコンではなく、人間なのですから、その指示と情報は、頭には入ってもそれでハートは燃えないのです。ハートが燃えない限り、全社一丸となって営業目標に取り組む体質はできません。皆の意見を取り入れ、和気あいあいとやるだけでは、士気は上がらないのです。

やはり、声は大きく、目はキラキラ、明るいトーンで、つねに夢と希望を語りつづける。そして、ロマンチシズムの中に陶酔して、明るく具体的な大風呂敷を広げる。そういうアジ演説が社員のハートに火をつけ、やる気を奮い立たせる第一歩なのです。

次に下の意見が上に反映され、また次に決断と実行力がスピーディーであり、またそれが業績に表われれば、パーフェクトに社員は燃えてきます。こうなれば、社員が一丸となり、完全に気持ちがひとつにまとまります。中小企業の社長というのは、とくに、これができなければなりません。

言ったことがどれだけ実現するかどうかは、やってみるまでわかりません。しかし、本人が固く信じて疑わなければ、本当に実現するものです。「社長が十思っていることは、従業員には一しか伝わらない」という松下幸之助さんの名言があります。では、従業員に十伝えようと思ったらどうするか。それは、経営者が百思う情熱を持つしかないのです。

百思う情熱というのは、それだけ口数多く、熱っぽく、あらゆる機会に、あらゆる場所で、何回も何回も夢を語りつづけることです。一回、二回ではなく、声も大きく、目を見開いて、明るい大ボラを何回も吹きつづける。その気概とパワーが大切なのです。結局、経営者の情熱と気概の一割しか、社員は燃えません。だから、中小企業で成功している社長というのは、みんな情熱に燃え、迫力と気概があります。そうでなければ社員はついてきませんし、これが、民間組織の中心となる人間の責任であり、愛情であると思ってください。

（二〇〇二年五月）

若手社員の育成で悩んでいます。幹部候補を見分ける方法を教えてください。

Q 流通関連企業で管理職をしていますが、社員教育で悩んでいます。今の若手社員は、インターネットやパソコンは使いこなすのですが、何か注意をすればすぐにキレたり、壁にぶつかるとすぐに放り出してしまいます。将来の幹部を育てなければならないのですが、若手社員をどう教育すればいいか教えてください。

東京都多摩市　O・Yさん（43歳）

A これからの時代は、ハイテクノロジーが進んでいけばいくほど、人間のヒューマンなコンタクトであるハイタッチの重要性が高まってくると言えます。つまり、これからは、「ハイテク、ハイタッチの時代」であり、天下をとっていくのは、「ハイテク、ハイタッチ」両方の要素を兼ね備えた人間なのです。

インターネットやパソコンといったハイテクは得意でも、ハイタッチの部分が未熟というのでは、これから先、会社を支えていくことはできません。どんなにハイテクが進んでも、やはり「企業は人なり」なのです。

この大法則を決して忘れてはなりません。今後は、ハイタッチの部分に優れた人材をいかに育てていくかが、企業の死活を握るといっても過言ではないでしょう。

今の若手社員がキレやすいのは、ゲームやインターネットの影響が多分にあると言われています。ご承知のように、パソコンの世界は日々バージョンアップを繰り返し、それにつれて反応が格段と早くなってきています。インターネットでもアナログ回線からISDN、さらには光ファイバー通信へと飛躍的に反応がスピードアップしつつあります。

パソコンならバージョンアップをしたり、接続方法を変更すれば自分の思ったとおりに動いてくれるでしょうが、いったん高速化しつづけるインターネットに慣れてしまうと、何かの事情でアナログ回線を経由したインターネットは反応が遅いですし、自分の思ったようにスムーズには動いてくれません。

こうしたハイテクのスピードアップに慣らされた人間はどうなるでしょうか。自分の思ったような速さで反応しない人を見ると、ついイライラしてしまうものなのです。しかし、人間はコンピューターのようには簡単にバージョンアップしてくれませんし、キーボードを押すようには動いてくれません。心と言葉と理解と忍耐と行動がなければ動きません。

時代の流れに遅れないように、ハイテクを追い求めるのは確かに必要なことですが、その反面、ハイテクばかりに目を向けている人は、肝心のハイタッチの部分が、それに反して劣化してしまうのです。パソコンやインターネットを自由自在に駆使する若手社員がキレやすいというのも、実はここに原因があるといえます。ハイテクに凝った人間は、その日の気分や感情に左右されて、自分の思うように反応してくれない人に腹を立ててしまいがちです。こういう人間は、当然、人を動かすことなどできないでしょう。将来の幹部候補生としては不適格と言わざるを得ません。

ですから、会社を将来背負っていく幹部候補社員として適性があるのは、ハイテクの専門技術に優れた人材よりも、人間の感情に訴え、人間の感情を動かすことのできる文学のある人材なのです。スペシャリストではなく、ジェネラリストでなければ会社の舵取りは任せられません。もちろん、先ほども申しましたように、ジェネラリスト兼スペシャリストであるに越したことはありません。しかし、よりどちらが大切かと言えば、繰り返し述べているとおり、ハイタッチのできる人材を育てることなのです。

将来の幹部を育てようとお思いでしたら、ハイテクの教育を二割程度に抑えて、ハイタッチの教育を八割というようにお考えになられてはいかがでしょうか。

こういう視点で若手社員を観察し、コミュニケーションを図っていけば、必ず逸材を掘り起こすことができます。逸材を見出すヒントは、高校、大学、社会でクラブ活動、サークル活動の責任者だった人、生徒会、自治会の責任者だった人、大家族で長男、長女だった人、ボランティアなどで積極的に人のお世話をしていた人などです。

なお、若手社員が人間関係でトラブルを起こしたり、お得意様からクレームをいただいたりした場合は、人間の心はキーボード操作のようには反応してくれないものなんだということを、その都度、根気よく諭していくことも大切です。

部下や従業員を動かすには並大抵の忍耐力ではできません。自分の思うようには人は動いてくれないということを、きちんとわきまえた人でなければ、やはり、人の上には立てないものです。

いったん人の上に立てば、どんなに鈍い人でも根気よく指導していかなければなりません。ですから、「ハイテク二割、ハイタッチ八割」を心がけて、素晴らしい人材をお育ていただきたいと思います。そうしていく中で、あなたご自身も人間的に成長していかれることでしょう。ぜひ、頑張ってください。


（二〇〇二年六月）

赤字続きで会社を続けていくべきかどうか迷っています。

Q　建築と土木舗装工事を請け負う会社を経営しているのですが、現在は赤字で、このまま会社をつづけていくべきかどうか迷っています。

埼玉県川口市　M・Tさん（45歳）

A　あなたのような建設会社の下請けをしている工務店は約三万軒あり、日本にある会社の中では一番多い業種だといわれています。このように同業他社が多い場合、経営を上向かせていくための大原則は、何をおいても営業努力以外にはありません。

成功している工務店は、本人および息子が、何年間か、大手あるいは中小のゼネコンの営業畑で修業して、営業のノウハウをしっかりと身につけているものです。とにかく、「どんな小さな工事でもやります！」という具合に、名刺やチラシをいっぱい配って、積極的に営業展開していくことです。そうしないと、やがて会社は潰れてしまいます。

そして、営業力を鍛えていくと同時に、いつも仕事をくださるお得意先に対して接待をするのです。もちろん、接待も営業のうちです。

「ゴルフに行きましょうよ」

「飲みに行きましょうよ」

「麻雀に行きましょうよ」

というように、仕事をくださる担当の方や社長さんに対して、積極的に接待をするのです。

また、年賀状や暑中見舞いなどの季節のごあいさつはもちろんのこと、担当者や社長のご家族に対しても、結婚祝いや入学祝いをお贈りしたり、ご不幸があった場合にはご葬儀に参列するといったように、いつも気にかけて大切にしているということを、具体的な態度で示すことが大切です。冠婚葬祭は、自分の存在を知っていただく絶好のチャンスでもあるのです。故・田中角栄元首相があれだけ多くのファンをもち、選挙に強かったのも、葬儀と聞けば、どのようなところにも、必ず一番大きなしきび（仏前に供える花など）や花輪をおくることを怠らず、家族関係のつながりが大きい新潟県において、この冠婚葬祭のときを上手に使って票を固めたからです。

このように、世の中にあるお付き合いを、顧客の重要度に応じて、今まで最低限度だったものを、最大限までやる努力をすることが肝心です。こうして、筆まめでいつも腰低く、かつどこよりも足繁くまわっているところには、必ず仕事がやってくるものなのです。

さらには、お酒が飲めるように、あるいは、飲めない場合にはすすめ上手になるように努力をすることです。また、カラオケやゴルフの練習をしたり、囲碁・将棋・麻雀を勉強したりと、お得意先で、自分に仕事をくださる方の趣味を聞いて、たとえそれが自分の好きなことでなくても、無理矢理好きになる努力をして、相手に喜んでいただくようにするのです。お仕事をいただいているときに、腰低く、足まめ手まめ口まめに、営業力を展開しているところには、一回仕事がきたら、必ず再び発注がくるものです。

また、クレームがあったときも実はチャンスなのです。誠意を示すチャンスは、クレームを受けたときから始まるからです。クレームがあったら、誠の五段活用と私が言う、「わざわざ」、「早速」、「菓子折り持参で」、「丁寧な言葉で」、「何回も何回も足を運んで」を実行して、相手に誠意を受け取っていただくべきです。このことによって、信頼できるいい会社であることが認めていただけるのです。相手にいったん認めていただければ、知り合いの会社に紹介していただくことも可能です。その場合、「先日はご紹介いただきまして、誠にありがとうございました」と、口に出して、あるいは、手紙に書いて、きちんと相手にお礼と報告をするといった、きめこまかな努力を絶やさないことが大切です。

そういう営業努力をつづけることによって、つねに、下請けに指名していただけるようになるのです。こうして、売り上げが上がり、利益が安定するようになれば、優秀な人材を雇うこともできるし、社員に多くの給与を出すこともできます。

工務店のように、ある程度技術が必要な業種においては、とかく今まで述べてきたような、営業的なセンスのソフトウエアをおろそかにしている職人気質の経営者を、実に数多く見かけます。とくに、腕に自信のある人ほど、「一生懸命いい仕事をしているんだから、何でこっちから頭を下げて接待しなくちゃならないんだ」というように考えがちですが、こういう考え方では、会社を維持発展させていく経営者としては、失格と言わざるを得ません。もし、仕事が全くまわってこなくなったら、どうやって家族や社員を食べさせていくのでしょうか。そのときは、必死になって、「何か仕事をください」と、懇願して取引先をまわるはずです。経営者としては、家族のためにという前に、社員を食べさせて、ボーナスや昇給や生きがいのある人生を送らせてあげるために、景気に関係なく、一年三百六十五日、必死で仕事をもらいつづけなければならないのです。それが宿命です。技術に力を入れることももちろん大切ですが、それよりも、まずは営業力を強化し、小なりといえども、経営者として会社を成功へと導いていただきたいと思います。

しっかりと頑張ってください。

（二〇〇二年七月）

当社のマネをするライバルが次々と出てきて、売り上げが頭打ちになってしまいました。

Q 新分野を開拓し、その分野では唯一のメーカーであると自負してきましたが、この一年間で八社のライバルが出てきました。動画の入ったCD二千枚を作って営業したりと、いろいろと手は打っているのですが、売り上げに結びつきません。資本力もなく、販売力もない当社が生き残っていく方法をぜひ教えてください。

東京都墨田区　T・Kさん（51歳）

A 厳しい言い方かもしれませんが、今日のピンチはご自分の会社が新しい分野で唯一の会社だという、油断と慢心と怠りが招いた結果であるようにお見受けいたします。

おいしいところはすぐにライバルが現れるというのがマーケットの常識です。

ですから、今のような状況で不安を感じているようでは、これから先、とても勝ち抜いていけるものではありません。今のあなたに何よりも必要なのは、絶対に勝ち抜くんだという圧倒的な気迫と、他社を上回る研究力と経営の努力です。その戦略を立てたあとは、販売力をつけるしかありません。戦略が六、戦術が四と言われるビジネスの攻撃パターンです。

具体的に申しますと、一年間で八社のライバルができたのなら、八社すべてをとことん研究して、八社と御社との違いを明確にすることです。勝ち抜いていこうと思ったら、徹底的にライバルを研究しなければなりません。そのためには、ライバルが請け負った現場に脚を運ぶことも必要です。そうしていけば、必ず御社の優位性を顧客に訴求できるポイントが見つかるはずです。

たとえば、動画CDを作成されたとのことですが、他の要素はすべて省き、ライバルに打ち勝つ品質とコストとサービスの優位性をアピールするポイントだけをCDにすべきです。とにかくそのポイントを一目で顧客に訴求できるように、わかりやすく図解してみるのもひとつの手段です。

そして、五分間のセールストークのなかで、八社のライバルよりも、いかに自分のところが優れているかを、立て板に水を流すがごとく、論理性と具体性をもって切り返していくのです。

しかし、それだけでは売り上げに結びつくとは限りません。売り上げに結びつく最終的なポイントがあるからです。それは何かと言えば、「お願いします。注文をください。売り上げをください。我が社の製品をぜひ採用してください」と、真正面からお願いする勇気と素朴さが必要なのです。これを何度も率直に繰り返せることが、売り上げに直接つながる本当の営業力なのです。売り上げを提供する社長や担当は人間であり、心を持っているからです。製品がどんなに良くても、コストが少々安くても、生意気で高飛車で嫌味な奴から物は買いたくないし、売り上げも渡したくないものです。

発注する人が営業マンを気に入ってくれると、「これくらいのコストで、こういう品質で、こんなサービスがあれば、君のところから買うからね。他社に負けているところはここだから、ここをこうすれば社内的にも通せるから、採用してあげるよ。頑張ってね」と受け入れてくれる。営業で苦労して実績を上げた人なら、誰でもわかる私の言葉でしょうが、今まで唯一のメーカーを自負していて、相手の方から注文が来ていたあなたが、マーケットの変化を知って、この切り替えができるかどうかが問題です。この壁を越えない限り、会社の未来はないと思って頑張ってください。

ところで、新規顧客を獲得するためには、ターゲットを絞るためのリサーチが必要です。釣りでも、釣り人が集中するポイントというのがあります。そこに魚がいるのです。当然、ライバルもそこに釣り糸を垂れています。しかし、精神的に後れを取っていては、初めから勝ち目はありません。

ここぞというポイントを見つけたら、割って入って撒き餌《まえ》をして、先ほどの要領で朝昼晩と何回も何回も投げるのです。そして、「必ず契約が取れるんだ！」と信じて疑わないことです。心に一厘でもネガティブな想念があると、すぐライバルに釣り上げられてしまいます。

だから、戦略的に他社を徹底的に研究して、品質、価格、サービスの三つのポイントでライバルに差をつけてください。そしてあとは、本当の営業力を発揮して、勝つ戦術を磨いてください。こうして、大いに奮闘努力し頑張ってください。
（二〇〇二年八月）

本業が安定しているうちに、新規事業に挑戦したい。

Q 食品関係の卸業をずっとやっておりますが、世の中の状況を見るにつけ、何か新しい事業にチャレンジしないことには事業の存続は難しいと思っています。財務が安定している今こそ、そのタイミングだと思うのですが、何かいいアドバイスがあればよろしくお願いします。

東京都町田市　I・Oさん（45歳）

A 事業をやっていく上での果敢なるチャレンジ精神や事業拡張等のビジョンは経営者に必要なことですが、その前に、新しい事業にチャレンジしたいというご自分の意欲が、いったいどこから来ているのかをしっかりと見定める必要があります。「何か新しい事業にチャレンジしないことには事業の存続は難しい」タイミングに来ているとあなたはおっしゃいますが、もしも、今の仕事にそろそろ飽きが来ていて、そのために何か新しいことをしたいという気持ちが原因しているとするならば、「ちょっと待っていただきたい」と私は言いたいのです。

経営者としてビジョンを持つことは確かに必要なことです。しかし、財務が安定してきたときに、もっと前向きなことをしたいという野心が出てきたときこそ、実はその事業欲で失敗する経営者がとても多いということを知っておく必要があります。

売り上げを伸ばすにしても、経費を削減することにしても、経営者自らが、「必ずそうするのだ！」と強く信じて疑わなければ、たいていの事業はうまくいくものです。社長の信念が強ければ強いほど、その気迫や気魂、集中力等が社内の隅々にまで行き渡り、会社はうまく軌道に乗っていきます。そして、その延長線上に次の新しい仕事が見えてくるようになるのが本物です。目前の仕事に飽きることなく怠ることなく、血のにじむような必死の努力をつづけていくなかで、はじめて次の新しい事業が向こうから吸い寄せられてくる。これが、事業を発展拡張していくときの原理原則です。そういう只今只今の努力を怠っておきながら、時流がこうだからとか、経済状況がこうなるからといって新しい事業に手を出して失敗するのが、経営者の陥りやすい最も大きな落とし穴なのです。

今まで、この相談コーナーでも何度となくお話し申し上げているとおり、会社が倒産する最大の原因は放漫経営です。とくに、財務がある程度安定してくるときが実は一番危ないのです。うまくいっているんだという油断と慢心と怠りが元で、本業以外の事業やゴルフなどの遊びに、資金も労力も時間も過度に使うようになってしまうからです。その結果、本業へのエネルギーや集中力が足りなくなっていき、その不足した分、細かいところまで神経が行き渡らなくなり、会社全体の活力が衰えて経営が傾いていくのです。

あくまでも本業に本腰を入れて専念していく中で、その延長線上に新しい事業が出てくるというのが本物であるということを、しっかりと肝に銘じておく必要があるでしょう。その正しい努力の上で、何か新しい事業が見えてきたら本物です。そのときには決して慌てず騒がず、じっくりと見定めていく心がけをしたいものです。

そして、最初はもしうまくいかなくても、損金で処理できる枠内で資本を投下していくことです。はじめから大きく資本を投下すれば、うまくいかなかったときには会社を揺るがすような事態を招くことになります。ですから、損金で落とせる枠内の資本投下で、まずはマーケットの当たりを確かめる。

その中に魚がいるなと思ったら、そこにどんどん仕掛けをして、撒き餌をして、釣り始める。売り上げが伸び、業績が上がってきたら、そこに人間と資金を投資し、設備投資をしていけば着実に事業は伸びていきます。新しい事業をスタートさせるときは、小さく産んで大きく育てるということが一番のポイントなのです。

新しい事業を展開するときに経営者が肝に銘じておかなければならないのは、何度も申し上げているとおり、決して本業をおろそかにしないということです。新しい事業に心を奪われて、本業の方は電話でチェックすればいいとか、人任せにしておけばいいと思ったとたんに、倒産への道が始まります。

会社の中で一番気迫と根性と念力が強いのは経営者なのです。圧倒的な迫力を持っている人間がそばにいてはじめて、従業員の気持ちもギュッと引き締まってくるものです。経営者の迫力、念力、息吹に触れていないと、会社はあれよあれよという間にパワーダウンしてしまいます。本業をしっかりと固めながら、無理のない枠内で新規事業を進めていくべきでしょう。

ご成功をお祈りしております。

（二〇〇二年九月）

世の中に役立つために、リストラされた中高年を活かした事業を始めたい。

Q　能力や実力がある先輩たちまでリストラされていくことが残念でなりません。一念発起して、リストラされた人たちを活用できるような新しい事業を立ち上げようと準備をしているところです。何かいいアドバイスがありましたらお願いします。

静岡県静岡市　Y・Kさん（41歳）

A　人々に救いの手を差しのべたいというあなたのお気持ちは、大変素晴らしいことだと思います。しかし、あなたがその理想を実現するためには、なによりも、まずご自身の足元をしっかり固めることが先決ではないでしょうか。

いくら素晴らしい理想を掲げても、ご自分の事業が成功していなければ、結局はその人材を抱えられなくなってしまうだけです。世の中に役立ちたいという思いを実現するためには、なによりもまず、自分自身の基盤を固めることが先決です。順序立てて理想実現に向かっていくことが必要だと言えるでしょう。

ですから、はじめからリストラされた人たちを抱えて事業をスタートさせようとするのではなく、まずは、気落ちしていない運のいい人を集め、運のいい会社なり事業所と取引をすることです。運のいい優れた人を集めることが、会社を立ち上げるときには最も大事なことです。

そのためには、この厳しい状況のなかでも、リストラされずに会社に必要とされる人材、あるいは会社が手放そうとしない人材を、三顧《さんこ》の礼を尽くして来ていただくことです。これが先決です。そして、会社が安定して、ある程度の規模と人材が出来、売り上げや利益が安定してきたときに、初めてご自分の理想を実現させるのです。そうすれば、真の意味で世の中に役立つことができるでしょう。

決して焦らずに、六十代、七十代で社会に役立つんだ、というぐらいの長いスパンで考えることです。

楠木正成公《くすのきまさしげこう》が歴史というドラマにデビューしたのは、四十八歳のときでした。

それから没するまでの数年間で、数々の素晴らしい偉業を達成したのです。人は年月と費用と労力をかけて自分の器を大きくしていくと、その器に応じて使命を授かるものです。楠木正成公はその天の時を得るために、自分を磨きつづけ、研鑽を重ねつづけて、自分の器を作っていったのです。どれだけ時間がかかろうとも、関係ありません。自分を確立し、自分の器があらゆる面で出来上がってきたときに、初めてそれに相応《ふさわ》しい使命と役割がいただけるものです。

例外はあるものの、社会とは原則的にそういうものです。長いスパンで研鑽して作った器というものは、他の誰も一朝一夕にはまねできないだけの、圧倒的な実力が備わっています。それが備わっていたら、社会が放っておくはずがありません。自分から役に立とうとするのではなく、その志をグッと腹におさめ、社会からその器を必要とされ、そして使っていただくおのれを作るのです。そのとき真の意味で世の中に役立つことができるのです。

未熟なときというのは、とかく矜躁偏急《きょうそうへんきゅう》（落ち着かず、あわてる様子）になりがちなものです。素晴らしい理想を掲げて事業を始める。しかし、実際にやってみれば、思うように行かないのがつねです。すると焦り始める。これは、どこかに驕りがあったためなのです。

焦って物事をやれば何かに偏り、手順を飛ばして急いでしまう。急いでやったものというのは、無理がたたったり、あるいは大きなものができなかったり、ゆがんだりしてしまいます。結果はおのずと知れているのです。本当の叡智《えいち》を持っている人というのは、焦らずにじっくりと本物の中身を蓄えていって、実践の中から着実にものを進める人のことを言うのです。なるべく迷惑をかけず、なるべく誰ひとり不幸にさせることなく、目の前のことに没入しながら、次のステップへと向上していく。これが本当の叡智を持っている人が進むべき道です。

あなたが掲げた理想を実現させるために、ぜひともご自分の足元を固めることからお始めください。

ご奮闘をお祈りしております。

（二〇〇二年十月）

専門店化するためのマーケティングの方法をお教えください

Q 建材一般の卸業をしているのですが、生き残りのために、リフォーム用建材の専門店化を図ろうとしています。今すぐ役に立つマーケティングの方法をお教えください。

東京都多摩市　I・Uさん（43歳）

A 専門店化を図っていきたいというお考えは大いに結構なことだと思います。

今、日本経済は、大企業と中小零細企業の二極分解がどんどん進んでいると言われています。つまり、大会社は大きな資本と優秀な頭脳、またネットワークがあり、シェアを独占して、ますます寡占状態となります。一方、零細企業は小さいなりに繁盛するという、二重構造なのです。そして、その二極分解の度合いはますます増しているのです。

しかし、この二極構造だけかといえばそうではありません。たとえば、流通経済を見てもおわかりのように、この二極の中に実はもう一つ、特殊な分野があるのです。それは専門店志向のお店です。「そこでしかやっていない」「特殊なものがそこに行くとたくさん集まっている」という、マーケティングでいうところの専門店化志向なのですが、マーケット・セグメンテーション（市場細分化）であるとも言えます。ニュアンスは少し違いますが、すきま産業とも言えます。

流通経済ではない産業で言うならば、たとえば電気冷蔵庫です。冷蔵庫本体は、大手企業が互いに競争しながら製作していますが、巨大メーカーといえども、冷蔵庫すべての部品を自前でつくっているわけではありません。自前で開発する必要性と、見込まれる利益を天秤にかけ、うまみがないと判断すれば、その部品は外注に出します。とくに、製氷皿などのような細かな部品は、ほとんどが外注です。ですから、製氷皿の製造に関しては世界一といった特許とノウハウをいくつも持ち、それが、ちょっとやそっとでは真似できない技術であれば、十分に優良企業としてやっていけるのです。専門の特殊分野を小さく区切って、それをどこまでも深く追求していく。そして、特許とノウハウをいくつも持って、そこにしかできないものをたくさん持っているというような企業は、中規模の企業でも零細企業でも、企業の差別化を大きく打ち出して、しっかり生き残っているわけです。

このように、専門店化する志向で奥深くマーケット・セグメンテーションをして、誰も真似できないノウハウをいくつも確立していけば、必ず繁盛します。この方法が二極構造の中で、例外的に大成功して生き残っていく道なのです。

しかし、専門店化志向でいくためには、何度も述べたように、ちょっとやそっとで真似できないという、独自のノウハウと技術を徹底的に掘り下げていかなければなりません。そうでなければ、成功がおぼつかないばかりか、倒産の憂き目に遭いかねません。小が小なりに発展し、淘汰《とうた》されずに会社が存続していくためには、やはり、徹底した研究と他を圧する努力が必要なわけです。

さて、その努力の方向性はたくさんありますが、やはり何といっても、生きたマーケットの声を聞いて知らなければなりません。つまり、何といっても「お客さま第一主義」に徹するということなのです。買ってくださるお客さまを無視した製品はあり得ません。「どうすればお客さまが喜んでくださるだろうか」「どうすればお客さまが感激して、またこれを使いたいと思ってくださるのだろうか」「どのようにすれば、お客さまが納得して使ってくださるだろうか」というように、常にお客さまを第一に考える。そうすると、お客さまが喜び、感動し、納得し、満足するような具体的な知恵や工夫、またユニークなアイデアなどが一つ、また一つと湧いてくるようになります。それをどんどん実用化していくのです。

これを徹底的に実行している会社やお店は、当然のことながら、雰囲気が生きとしてきます。常にお客さまを第一に考えているから、たとえば、こちらが求める前にお客さまや業者さんが、「こうすればもっとよくなりますよ」「こんなものがあれば助かりますよ」「ここはこうした方がもっと売れますよ」などと、いいヒントや具体的なアイデア、知識、情報をたくさん持ってきてくれるようになります。また、そういう具体的な方法を教えてくれる人との出会いも、次々と出きてきます。心で強く関心を抱けば、機縁が生まれるものです。

しかし、これだけでは「お客さま第一主義」は完成していないのです。こういうアイデアや知識、情報を得ながらも、会社として売り上げや収益が上がりつづけ、財務もしっかりと黒字をつづけていけるための具体的な努力が絶対に必要なのです。経営者には、会社を潰さずに収益を上げつづけていくという社会的責任があります。ですから私が講演や著書で何度となく述べている「経営の五原則」を貫き、努力の結果が出るまで、行動の徹底を図っていかなければなりません。

以上、申し上げた努力をめげることなく積み重ね、具体的なアイデアやひらめきといったものが、何百種類、何千種類もあるというのが専門店たる所以であり、ノウハウであります。ぜひ頑張って成功してください。

（二〇〇二年十一月）

オリジナリティ溢れる商品企画をしたいのですが。

Q アパレル業界で商品開発をしているのですが、オリジナリティで勝負するためにはどうしたらいいのでしょうか?

東京都港区 U・Sさん(34歳)

A 他にない独自なものを創作する仕事に携わっている方にとって、精神的なプレッシャーというのは相当なものだと思います。オリジナリティに富んだ優れた商品を創らなければいけないと思えば思うほど、それがプレッシャーとなって行き詰まってしまうのです。

とくに、クリエイティブなお仕事を長くつづけていると、今までの知識が邪魔をして、「これも既にある」とか、「あれもどこかがやっているはずだ」とか、「自分で過去に作った作品よりも、もっと優れたものを作らなければ……」などと、ますますプレッシャーが増えてしまいます。

私も絵画や書道、作曲などをやっているのですが、オリジナリティとかスタイルとかにこだわってしまうと、「これもダメ、あれもダメ」と行き詰まって、創作意欲が減退し、創作活動そのものがつづかなくなってしまいます。

このような状況を打破するためには、オリジナリティとかスタイルとかには一切こだわらずに、自分がいいなあと思うものを、「これが最高だ!」と思って自由奔放に、そして、わがまま放題に、どんどん形にしていくことがベストな方法です。そうして、自由に発想して創ったものが、他から「これはオリジナリティがありますね」と評価されるのです。

そもそもオリジナリティというのは、自分がいいなと思うのを百も二百も片っぱしから創作していく中で、「これだ!」というものが自然に滲《にじ》み出てくるものなのです。なぜかと言えば、技とは、単なる技術やテクニックではなく、そこに心や魂や個性が宿ったものでなければならないからです。それが、その人にしかないオリジナリティなのです。商品の企画でも陶芸でも、また絵画や音楽でも、それはすべて同じことが言えると思います。

そこで、商品開発に関してですが、グッチもシャネルもセリーヌも、フェンディ、エトロ、ルイ・ヴィトンも、最近はどんどん今までのデザイナーを解雇し、若くて斬新な感覚のデザイナーに替えています。そして、それが功を奏して売り上げが伸び、ブランドイメージやブランド価値が復活している場合が多いのです。ということは、今まで述べたオリジナリティの本質に合ったようなデザイナーを選び、オリジナリティが出せる商品開発をすればいいのです。問題は、デザイナーを選ぶ目です。良いデザイナーかどうかを選ぶ目とは、デザイナー以上にデザインに精通していることが肝心です。そのためには、多くのいいデザイン作品を見て、また、ライバルを徹底的に研究し、みずから買って、自分で使ってみることです。最終的にいいデザインとは、芸術的に優れたものではなく、消費者が気に入って、買って愛してくれるものだからです。

（二〇〇二年十二月）

新店舗オープン時の広告戦略をお教えください。

Q クリーニング店舗をチェーン展開しているのですが、新店舗オープンで苦慮しています。数年前まではきれいな店舗をつくり、チラシで割引セールを打てば必ず売り上げが上がったのですが、今はこれが通用しません。できれば安売りをせずに売り上げを伸ばしたいのですが、どうしたらいいのでしょうか。

東京都台東区　U・Hさん（45歳）

A 過当競争になったときには三つの法則が働きます。まず、品質のいいところが残り、次に価格の安いところが残り、そしてサービスのいいところが残る、つまり、「品質が良く、価格が安くて、サービスがいい」……この三拍子揃ったところが生き残り、そうでないところは淘汰されていくのです。この三拍子揃っているのが企業の実力であり、企業体力なのです。

とくにクリーニング業界のように成熟したマーケットでは、この法則がきっちりと作用するといっていいでしょう。ですから本来は、この三拍子を揃えても収益が上がるよう、徹底的にコストダウンを図って競争力と収益力を上げていくというのがベストな戦略です。これができれば、どんなライバルを向こうに回しても圧倒的に勝っていけます。

しかし、割引や安売りをしたくないというのであれば、高付加価値化を図って、独自の特色をしっかりと打ち出さなければ勝ち目はありません。

たとえばの話ですが、北海道から深海水を取り寄せ、その水を使ってクリーニングの仕上げをするというのがその店の大きな特色であるならば、それを上手にアピールする必要があります。

さて、広告宣伝の方法ですが、チラシは浅く、広く出すのでは効果はあまり期待できません。

経済学における広告論の中に、「広告の原則」というものがあります。その中でも、チラシは三回以上出して、四回目ぐらいから少しずつ問い合わせがくる、というのがチラシ広告効果の原則としてあるのです。これは、私も何度となく実験しており、間違いない不滅の法則だと言えます。

だから、チラシは広い地域に一回だけ出すというのではなく、顧客がいるエリアを徹底的に絞りこんで、同じターゲットに五回も六回も七回も固め打ちで出すのが、有効なチラシ戦略なのです。そうすると、そこに住んでいる人は、「五回も六回もチラシが来たから、ちょっと問い合わせしてみようか」と、問い合わせするようになるわけです。しかも、チラシを同じ出すのでしたら、社会で成功している人たちが多く住んでいる地域に出すのがいいでしょう。社会で成功していて、経済的に豊かで、ものの考え方が明るいお客さまがたくさん増えて、自分もその運気をいただき、きっと収入も上がるはずです。

チラシの内容は、同業他社の出しているチラシをつねにチェックして、一番いいなと思う文章やレイアウトをヒントにして、それよりももっと素晴らしいチラシを徹底的に研究し、プロにチラシを作成してもらうのがいいでしょう。そのときも専門家に任せっきりにせず、いろいろと指定して納得できるチラシを作成することが大切です。

そしてチラシは、折り込みチラシが一番多い新聞に入れてもらうのがいいでしょう。五大新聞でしたら、やはり朝日新聞です。主婦がなぜ朝日新聞をとるかというと、いいますと、広告の数が一番多いからだと言われています。

そもそも広告というのは、事実に基づく主体的な拡大解釈が必要です。たとえば、北海道から取り寄せた深海水が水道水とどれだけ違うのか、科学的に立証し尽くされていなくても、深海水を使ってクリーニングした方が仕上がりがいいという事実があるならば、それを積極的にアピールするのです。これがうまくアピールできれば、多少高めに価格を設定しても、お客さまは納得して来てくださるようになります。

それと同時に、チラシを見て来店してくださる住民が、すぐにわかるように、店頭にも、特色を効果的にアピールしたポスターを貼り出しておくことです。そして、マン・ツー・マンの接客でも積極的に特色をアピールするのです。高付加価値商品を販売するとき、最も大切なのがこのマン・ツー・マンでのアピールなのです。

言うまでもなく、消費者は品質の中身に正直に反応します。せっかく高付加価値化を図ったのですから、チラシだけではなく、そのチラシの中身に追いつき、追い越すだけの不断の研究がなければ、お客さまは離れていきます。経営者自らも研究し、社員にもしっかりと教育する必要があります。

このようにして、新店舗の特色を打ち出して、高付加価値化を図っていきますと、チラシの効果は何十倍にも期待できるはずです。ぜひ頑張ってください。

（二〇〇三年一月）

独立事業をするとき、ビジネスパートナー選びのポイントを教えてください。

Q 独立事業をするために、サラリーマンをしながら、今年一年間勉強してまいりました。ただし、一人ではできない仕事内容だと思いますので、今、ビジネスパートナーを探しています。気の合う友人から声をかけようと思うのですが、ビジネスパートナーを選ぶときのポイントをぜひ教えてください。

愛知県名古屋市　M・Tさん（37歳）

A まず結論からはっきり申し上げますと、ビジネスパートナーがいなければできないと思っているような仕事は、絶対にやらないほうがいい、ということです。

たとえ地球が滅びようと、日本の国が沈もうとも、「自分一人で何が何でもやり遂げるんだ！」という、大いなる気概を持った人が独立したら、きっと成功するでしょう。しかし、パートナーがいなければできないんだと思っているということは、はじめから経営者としては負けています。なぜなら、独立してパートナーと何かトラブルがあれば、それで事業は失敗だということなのです。独立して事業を興すのでしたら、自分ひとりで何でもやらなければ絶対にダメです。

考えてもみてください。会社を設立したら、何よりもまず、売り上げを上げなければなりません。しかも、なるべく現金で入ってこなければ、月々の家賃や水道代、電気代、光熱費などは払えませんし、月々の生活もできません。友達と一緒にやるといっても、友達と自分の給料が要るわけです。ですから、売り上げがすぐに、しかも現金で入ってくるようなものでなければ、たちまちのうちに行き詰ってしまいます。ふつう、会社をゼロから立ち上げた場合、最初の三年間は赤字を覚悟しなければなりません。その覚悟があるのかどうか、です。

それでも、どうしてもパートナーを見つけてやりたいとおっしゃるのでしたら、自分と同じだけの金額を出せるパートナーを探すべきでしょう。両方が出資すれば、二人とも必死になりますから、うまくいくかもしれません。しかし、一般に向こうがより多くの資金を出したら、向こうが主導権を取りますし、自分があまりに多く出資すれば、向こうがおんぶにだっこになります。ですから、同じぐらい身銭を切ってやろうか、というパートナーを探すことです。

しかし、互いに身銭を切っただけでうまくいくとはかぎりません。先ほども申しましたように、会社を興しても、まず三年間は赤字続きなのですから、途中でパートナーの気力が萎えてしまうことも、十分に考えられるわけです。そのとき、「情熱を持ってどんなことがあってもやるぞ！　どんな困難も乗り越えていくぞ！」と、気持ちを一つにして、そのパートナーとやっていくことができるかどうか。そのためには、よほどの信頼関係がなければなりません。しかも、自分もパートナーも奥さんや子どもがいたら、それも毎月養っていかなければならないのです。たちまちのうちに生活という重圧に潰されてしまいます。

三年間赤字続きで、あっちからもこっちからも借金しながらでも絶対にやるんだ、というパートナーでありつづけるかどうか。これを考えなければなりません。

私でしたら、ビジネスパートナーがいなければできないという仕事は、絶対にやりません。自分一人でやります。それが独立起業をしていく人間の気骨であり、責任であります。自分一人で稼いで、自分の力で集金して、経費を払って、残ったお金で自分の生活をまかなう。それだけの覚悟と気迫と根性がなければ、そもそも経営者にはなれません。

中小企業の経営者に一番大切なのは、労務管理や財務管理より、売り上げを上げ、お金を引っ張ってくる力ですから、人に頭を下げてお金を持ってくるのが苦手で、そちらをビジネスパートナーにやってもらおうとなると、パートナーの方が主になってしまいます。そうなったらもう独立ではありません。独立する人をお助けするだけです。ですから、営業は絶対に社長自らがやらなければなりません。「営業は苦手だから、パートナーに営業をお任せします」というのは、根本的に間違っています。こういうケースで手ひどい火傷を負った人を私は何人も知っています。

とにかく、営業、売り上げ、入金、受注は全部、自分がしなければならないのです。これは絶対条件です。会社では、お金を持ってくる人間、売り上げをもってくる人間、入金してもらえる人間が、王者なのです。ですから、それができないというのであれば、初めから独立は考えないほうがいいでしょう。

かなり厳しいことを申しましたが、以上のことを十分に踏まえて、よくよくお考えいただきたいと思います。

（二〇〇三年二月）

シルバー関連事業に進出したいのですが不安です。

Q　現在は病院の清掃を請け負う会社を経営していますが、高齢化社会の到来を見込んでシルバー関連事業にシフトしようと計画しています。まずはホームヘルパーの派遣事業から始めようと思っているのですが、利益率を計算してみると不安です。

東京都府中市　O・Tさん（51歳）

A　まず初めに申し上げたいのは、マスコミや証券会社のトレンド情報を当てにするより、ご自分の経験からにじみ出てくる直観力の方がはるかに有益だ、ということです。

確かに高齢化社会は確実に到来しますし、それにつれてシルバー関連事業のマーケットは拡大していきます。しかし、だからといって軽々にシルバー事業に進出するというのは、ちょっと疑問だと思うのです。

というのも、このマーケットには、ビジネスにとって最も大切な息吹と活力が欠けているからです。息吹と活力のないマーケットに進出しても、よほどの研究と工夫がないかぎり、絶対に成功できません。

あなたの周りを見ても、エネルギーが満ち満ちて、財布離れも早く、消費力の高い若年層にターゲットを切り換え、成功したという実例はたくさんあるはずです。ところが、シルバー事業に手を出し、成功したという実例はほとんどないのではないでしょうか。現に、私も聞いたことがありません。

以前にも話をしたことがありますが、シルバー事業というのは、釣りにたとえればシーラカンスを釣るようなものです。活きのいいアジとか、何でも食いついてくるハゼは釣りやすいのですが、海の底でジーッと動かずにいるシーラカンスを釣るのは、至難の技だと言えます。

シーラカンスは、海の底に居ることは居るのですが、動きが鈍いうえに食も細く、なかなかエサを食べません。しかもたとえエサを食べたとしても、アジやハゼのようにバクッとは食いつかず、ほんの少し口にするだけです。まさに、深海魚中の深海魚なのです。こういう釣り場にいくら糸を垂れても、釣果は期待できません。

確かに、ホームヘルパーの派遣という仕事は、社会的には必要ですが、中小企業が新たに進出するビジネスとして考えたときには、安定した収益が出るまでには、相当な時間とエネルギーと工夫が必要なはずです。それまで、会社がもつかどうかが問題なのです。

それよりも、今あなたがしている、病院の清掃業を発展させる方向で動かれてはいかがでしょうか。と申しますのも、中小企業が生き残っていくためには、発展し、エネルギーと活力のある分野での5Kを狙っていくのが、最も成功率の高い道だからです。

「きつい、危険、汚い、苦労（知られていないので、売るのに苦労する）、暗い（派手でない）」……それぞれローマ字で書くと頭文字がKになります。この五つの要素が多ければ多いほど収益性は高くなり、安定した事業を持続的に経営していくことができます。

たとえば、格好いい仕事や、楽できれいな仕事は、誰でもやりたがりますから過当競争になり、おのずと利益率は低くなります。また、誰もが知っている、聞いているという、いわゆるナショナルブランド（松下という意味ではない）や、みんなが欲しいもので売りやすいブランドは、マージンが少ないために当然、利益率は低くなります。

反対に、欲しがられているがあまり知られていないもの、これをナショナルブランドに対して開発商品と呼びますが、これは概して利益率が高いのです。また、いわゆるＫが多い業種は利益率がグーンと高くなります。つまり、利益が出やすいのはエネルギーと活気に満ちた産業における３Ｋ、５Ｋなのです。実に簡単な法則です。

ですから、中小企業で収益性を考えたときには、不格好でＫが多いものをあつかうと必ず収益は上がります。格好いい仕事でもどこかにＫが入っていたり、不格好なものが入っていたりすると、利益率が高くなるのです。

会社を創業して、揺るぎない利益の安定基盤を作ろうと思うのでしたら、とにかくKの多い業種、みんながやりたがらないところをまずやることです。安定基盤ができてから、少しずつ格好いいところもやっていくようにすればいいでしょう。これが中小企業で事業を進めていく、ひとつのものの考え方のヒントです。

あなたが今されている方向は間違っていません。まずは清掃業で安定基盤をお作りになることです。シルバー産業へ進出されるのであれば、安定基盤ができた後で、少しずつチャレンジしていけばいいでしょう。ぜひとも頑張ってください。

（二〇〇三年三月）

経営の知識や情報は勉強しているのですが、なかなか結果が出ません。

Q 経営コンサルタントのセミナーに参加したり、経営に関する書籍を読んだりしながら、知識や情報を懸命に仕入れてはいるのですが、肝心の業績になかなか反映してきません。企業の実力をつけるためには、いったいどうすればいいのでしょうか。

東京都中野区　I・Hさん（47歳）

A 私は予備校を経営していますが、受験生のなかには、やたらと受験参考書とかの知識が旺盛な生徒がいます。あの教材はどうだとか、この問題集の方がわかりやすいとか、勉強よりも参考書や問題集、予備校や先生等に関する情報にすこぶる詳しいのです。私はこういう生徒のことを〝受験参考書プロ〟と呼んでいますが、こういう生徒にかぎって模擬テストの結果がよくありません。受験に関する情報はやたらと詳しいのですが、肝心の実力がついていないのです。

一方、過去の入試に出た標準典型問題を何回も何回も反復して、一つの問題集を覚えてしまうくらいに、地道に解きつづける努力をする受験生がいます。こういう受験生はぐんぐん問題を解く実力がついていきますから、模試でも入試でもいい点数がとれて、必ず合格しているのです。参考書や予備校の情報には詳しくても、典型問題の地味な反復練習をなおざりにする受験生は、やはり受験に失敗するのです。

これは、経営者にも同じことが言えます。経営コンサルタントやジャーナリストなどから知識を仕入れて、世の中の動向とか経営論はよく勉強しているのですが、肝心の企業の実力がついていないという経営者が、決して少なくありません。

企業の実力というのは、大変地味で地道な努力の積み重ねによるものです。たとえば、前年度よりも売り上げやクライアントの数が増えたかどうか、粗利や純利益が上がったかどうか、在庫をどれだけ減らし、流動資産化できたかどうか。

こうした地道な努力を積み重ねていくことで、はじめて企業の実力がついてくるのです。受験生が標準典型問題を反復して実力をつけていくのと全く同じです。新しい経営論やマーケット理論、またマーケットの動向分析などを、評論家的に勉強したり、語ったりするヒマがあるなら、現場に足を運び、その真っ只中で、まずどうしたら売り上げが上がるのか、どうすればクライアント数が二倍から三倍になるのか。次にどうすれば粗利が増え、次に利益が増えるのかを必死で考えるべきです。

企業の実力とは、最終的に利益を出しつづける能力とイコールです。そのためには、このように現場に立って、まず売り上げ、粗利、利益の順で典型問題を設定し、自分の知恵で工夫しながら解決し、乗り越えてゆくべきなのです。

それから、より詳細な典型問題としては、労務管理、財務管理、資金調達、税金対策などがあり、重要問題をすべて自分の知恵でクリアすべきです。

ただし、この場合、大企業や中堅企業にあてはまる一般論ではなく、中小企業の、しかも自分の会社にあてはまる具体的事例に対する、税理士や弁護士などの専門家の意見に耳を傾け、それから自分独自の現場に即した判断をするべきです。
本を読むのは一般論の吸収で、税理士の具体的なアドバイスは、個別の具体論の吸収です。そこから、経営者が経験に基づく独自な判断を下す時に、論から実行に移ることになります。

ところで、売り上げを上げる商品企画や販売戦略の立て方ですが、これも机上の論理や書物、コンサルタントの情報では全くだめです。いろいろな業種の生きているマーケットの動向というのは、経営コンサルタントの講義を聞いても、新聞や本をいくら読んでも、それだけで見えてくるものではありません。なぜなら、それらはおおむね大企業や中堅企業の業績の結果を分析して、もっともらしく理由を説明したものにすぎないからです。今と未来に対する成功の個別提言ではないのです。

たとえば、ユニクロやマクドナルドが業績の上がっている時は、多くの人がそれを分析し、話題にし、その成功の秘密を情報として流しますが、仮りに落ち目になったユニクロやマクドナルドを、どうすれば再建し、以前にもまして繁栄させるかの、具体的な情報や再建プランを出せる新聞や本、また経営コンサルタントがいるはずがありません。いれば、その人が社長になればいいのです。

あの日産を再建したカルロス・ゴーンは、すべて課長レベルの現場の声を聞き、自分独自な再建プランを立て、成功したのです。新聞や本やコンサルタントのセミナーで情報を得て、成功したわけではないのです。

このように、末端のユーザーと絶えず会って、さまざまな悩みや相談、需要やクレームを聞いているなかで、はじめてマーケットのニーズや変化をキャッチすることができるのです。

マーケットから、直接生の声、生きた声、生きた情報をつかんでいく努力を怠らず、つねに末端のユーザーの声に耳を傾けている経営者は、社会の状況がどんなに変化しようとも、マーケットの動向をしっかりと掌握し、必ず成功していきます。こうした基本的で地道な努力を、情熱と熱意をもってつづけていけるかどうか。これが、会社の実力をつける唯一無二の方法です。そして、これがしっかりと持続できていれば、必ずプラスの業績にはね返ってきます。

会社の経営者は、世の中の状況がどうであれ、従業員を幸せにし、従業員の生活を守っていくという責任があります。会社の業績が上がり、収益が上がりつづけてこその労務管理です。ぜひとも現場を大切にする経営のプロになって、地味ではあるものの、業績だけは抜群という経営者になっていただきたいと思います。

ご健闘をお祈りしております。

（二〇〇三年四月）

不況を乗り切る自信がグラつき始めました。

Q 印刷会社を経営しているのですが、出版不況がつづくなか、このまま経営をつづけていくべきかどうか迷っています。自信をもって取り組んでいかなければと思うのですが、不安でたまりません。

東京都文京区　U・Iさん（47歳）

A 会社経営を成功させていくためには、「販売管理」「労務管理」「財務管理」「資金調達」「税金対策」という経営の五本柱を、バランスよく、しかも、すべてやり抜いていかなければなりません。これは基本中の基本です。

しかし、企業を経営していく上で、何よりも大切なのは、何と言っても経営者の志《こころざし》です。ものごとが成功するかどうかの一番のポイントは、志にあるのです。

特に印刷会社の経営は、一に営業開拓、二に営業開拓、三、四がなくて五に営業開拓と言っても過言ではありません。だから、この志を立てるのです。つまり「営業開拓日本一の会社になろう！」というものです。

どんなに性格が明るくて勉強熱心でも、志のない人間は何も動かすことができません。少しぐらい資金や人材、知恵が不足しても、「将来必ず○○○になる！だから、これぐらい必ずなんとかなる。何が何でもやり抜くんだ！」という強い志と精神力があれば、「一念、岩をも通す」のごとく、必ず道を切り開いていくことができます。あらゆるものが、その強い志に吸い寄せられるように、どんどん整っていくのです。すると、経営に取り組む姿勢も決然としたものとなり、いっさい心がグラつかなくなります。

もし反対に、志が萎えてしまっているとするならば、経営者としては失格ですから、早々に現役を退かなければなりません。

志とは「心が方向性を持ってどちらかの方向を『さす』こと」だから、志を内包する意を、意志とも言うのです。意志の意は〝意識〟であり、意志の志は〝志〟です。つまり、意志とは〝意識と志〟なのです。「こうありたい！」という〝意識〟

と、「将来こうするんだ!」という具体的な〝志〟があってはじめて意志となり、あらゆるものの原動力となります。

もちろん、成功するためにはいろいろな要素が必要ですが、何が一番大事かと言えば、圧倒的に意志の力です。

会社を経営していれば、悪運や不運、病魔、さらには力不足の部下や従業員、あるいは鉄面皮の金融機関など、さまざまな鬼神《きしん》がやってきます。しかし、「断じて行えば鬼神もこれを避く」と言うように、強い意志のある人には、鬼神もこれを避けていくのです。特に、中小企業の経営者にとっては、これが経営力のポイントだと言えます。

経営者にそれだけの志があるかぎり、会社は大丈夫です。今のような不況のときでも、潰れそうで潰れにくいものです。

反対に経営者が、「志これを行なえど、心ここにあらず」という状況では、たちまちのうちに放漫経営となり、会社を倒産に追い込んでしまいます。会社倒産の最大の原因は、放漫経営であります。これは今まで私が何度も申し上げている、商工リサーチの統計です。

断固として行わないから、善人も鬼神に変わる。断固として行わないから、放漫経営となる。逆に、断固とした志で、これ以上やりようがない、という努力の上にも、さらに一粘り二粘り、三粘り四粘りして、目いっぱいやっていけば、どんな不況でも、どんな状況に追い込まれていようとも、絶対に倒産しません。

王陽明《おうようめい》は、「山中の賊《ぞく》を征するは易《やす》く、心中の賊を征するは難《かた》し」という有名な言葉を残しています。山の中にいる山賊は討伐するのは簡単だけど、自分の心にある賊、つまり煩悩《ぼんのう》や欲望、妄念妄想《もうねんもうそう》とかを制するのは、大変に難しいという意味です。経営者が心中の賊を制圧できずに、あれこれと迷っていたのでは、絶対に会社は立ち行きません。経営者は断固とした志を持って、心中の賊を制圧しつづけなければならないのです。

経営は決断の連続ですが、会社経営に百点満点の決断はあり得ません。五十パーセントの意見を聞こうと思えば、あとの五十パーセントの意見を無視するしかないのです。最大多数の最大幸福のために、どこを取ってどこを捨てるか。それを決断するのが経営者の責任です。八十点くらいの決断でも、それをタイミング良く断固とした志をもって行う。そうして目いっぱいに頑張っていけば、八十点の決断であったとしても、鬼神があちこちに飛び散ってしまい、その結果、何年後かには、それがベストの決断だった、ということにもなるのです。

経営に自信が持てなくなってきたということですが、今のあなたに一番必要なのは、周囲の動揺に揺らぐことなく、断固とした志を持ちつづけ、目の前の課題に脇目もふらずに邁進していくことだと思います。

ご健闘をお祈りしております。

（二〇〇三年五月）

行列ができる店づくりのノウハウを教えてください。

Q 勤めてきた会社をやめて、ラーメン・ショップを始めることにしました。店舗を構えるにあたって、行列のできる店づくりのノウハウがありましたら、ぜひ教えてください。

広島県広島市　I・Eさん（43歳）

A それはなんと言っても、地元で繁盛している美味しいラーメン屋を食べ歩き、さらに全国で繁盛している有名店のすべてを、徹底的に食べ歩くことです。そしてその結果、全国レベルで大変美味しく、かつ個性のあるラーメンを開発することです。

そうすれば、必ず行列のできるラーメン・ショップができます。しかし、業種にかかわらず、店舗だけに絞って話をすると、以下のことが原則として言えるのです。

私は定期的に講演をしていますが、会場の広さと講演というのは、とても大きく関連します。たとえば、広いスペースなのに人がパラパラとしかいないと、講演する本人も聴衆もなかなか盛り上がりません。そういうときは真ん中に詰めて、すき間を開けないようにしたり、パーティションなどで狭い空間を作ったりすると、密集感覚があり、聞くほうも講演するほうも一体感が出て、講演がとてもうまくいくものです。

これはお店の経営も同じで、狭いところに人があふれ返るぐらいのときには、「あっ、いっぱいだな。大盛況なんだな」と盛り上がっていくのですが、お客がいっぱい来るからといって店を増築したら、同じ数の客が来てもガランとしているので、お客さんも店側もなんとなく盛り上がらなくなってしまい、その結果、だんだん客足が遠のいていってしまうのです。こういう話は皆様もよく耳にするはずです。

ですから、つねに密集感覚を演出し、人がいっぱいで明るく繁盛している雰囲気や、環境を作っていくことが大切です。

実際、私は今も店舗づくりに携わっていますが、この密集感覚を必ず演出するようにしています。今まで何度も実験しましたが、間違いなく、たくさんお客さまが来てくださるようになります。


それからもう一つ、店づくりで大切なのは店の入口です。「あっ、この店はいい感じだな」と思わず入ってしまうお店は、たいてい入口が東南に配置してあります。いい発展の気が籠《こ》もるとか、その気が流れるとかいいますが、お店づくりもやはり入口の方角が大事です。東南の入口は「千客万来《せんきゃくばんらい》」といって、大変いい家相なのです。お店の場合、不思議なくらい発展の気に恵まれた店となります。信じない人もいるかもしれませんが、私は多くの体験から確信しています。やはり、何千年と続く五行《ごぎょう》の気の学問は、絶対ではないものの、無視できない法則なのです。

また方位だけではなく、香港などでは地形も大切にし、同じ広さや便利さでも、吉相の土地は倍ぐらいの値段がする場合もあります。

ところで、家相についてですが、東南入口に加え、東北とか西南のところには、トイレとか水回りを置かないように配置すると、お店の気が明るく盛り上がり、気がどんどんめぐっていくのです。反対に、東北とか西南にトイレやドアがあると、なんとなく重い雰囲気になってきます。どんなに店構えをよくしたりインテリアに凝っても、そういうお店はなかなか流行りません。トラブルもよく起きる店となります。

このように、気の流れというのは非常に大切で、家も家相だけを考えるのではなく、家具とかベッドの位置も絶えず変えて、模様替えをしていると、いい気の流れが出きてきます。すると、いい気はいいヒラメキを生み、プラスの気がどんどん流れますから、客足も途絶えません。同じ努力をするにしても、いい気の流れを作るのと作らないのとでは、結果がまるで違うのです。

デパートでも数年に一度は必ず改装しますが、改装するとまたお客さんが来るようになるといいます。お客さまだけではなく、従業員の気持ちも変わります。

お店が流行る流行らない、会社がうまく行く行かない、人気がある人気がない、成功する成功しないというのも、こういうちょっとした秘訣の積み重ねの結果なのです。

先ほどから、いい気の流れを作るという話をしていますが、そもそも、気の根源とは、〝その人の日々の思い〟です。日々何を考え、何を思い、何を想像し、どうしようと思っている、という想いの奥に意識があるわけです。ですから、その意識の赴くままにまに気が出るのです。プラスの意識を保っていればプラスの気を呼び、ものごとがプラスに運んでいく。逆に、マイナスの意識でいるとマイナスの気を呼び、ものごとをマイナスへと向かわせる。

この世の中で成功している人は、ほぼ百パーセント勉強好きです。何ごともプラスへプラスへと考えて、最悪の場合を覚悟して最善を尽くす。いいことをイメージしながら、つねに勉強しています。そして、ものごとを素直に見て反省する要素もあります。ですから、そういう人には自然に人脈も増えていきます。

つまり、人がいっぱい寄ってくるのです。人がいっぱい寄ってくるからお金も情報も寄ってくる。人脈がいっそう広がり、商品もやってくる。人の助けも得られますから、これで成功しないわけがありません。

これからお店をスタートするということですが、以上申し上げたことを参考に、ぜひ頑張っていただきたいと思います。ご健闘をお祈りしております。

（二〇〇三年六月）

これから日本の経済はどうなっていくのでしょうか？

Q　ＯＡ関係の小さな会社を経営しているのですが、世の中、暗い経済予測ばかりで不安が先に立ってしまいます。これから日本の経済はどうなっていくのでしょうか？

千葉県千葉市　Ｔ・Ｏさん（36歳）

A　私は定期的に講演会を開催していますが、その講演会でも時々、これと似た質問を承ることがあります。そのときに私は決まって、「本当にこのようなことを考えているのですか。だとしたら、あなたはよほどヒマだということです」と、はっきり答えるようにしています。

もちろん、ジャーナリストとか学者であるならば、こういうことも考えるでしょうが、経営者が本気でこのようなことを考えているとしたなら、その経営者は絶対に成功しない、と断言できるでしょう。

本当の優秀なビジネスマン、中小企業のオーナー、あるいは起業家、会社を興して成功に導いていこうという人は、たとえ世の中が不景気になろうと、外資系が来ようと何系が来ようと、日本が借金大国になろうと、とにかく、今月の売り上げをどう上げていくのか、粗利をどう稼いでいけばいいのか、経費をいかに削減していけばいいのか、いかにすれば一件でも二件でもクライアントを増やすことができるのか、ということを、朝から晩まで考えつづけているのです。そういう思念の集中と、実際に現場に立って率先垂範をつづけるのが経営者というものです。

さらに経営者は、「時代が変化して世間の先行きが不安に思えるときには、必ずビジネスチャンスが来るんだ。いや、こういうときこそ、ビジネスチャンスがやって来るんだ。世の中、いよいよ面白くなってきたぞ！」と、積極的に発展的に、前向きにクリエイティブに考えるものです。そういう発想をしていれば、どんな状況にあっても、必ずビジネスチャンスを見出していくことができるのです。

たとえば、外資系企業がどんどん増えてきたならば、経営者は、「こういう状況なら、きっと英会話の需要が増えていくはずだ。しかも、単なる英会話ではなく、ビジネスに必要な、英検一級やTOEIC高得点の資格を取ろうとする人が、どんどん増えていくに違いない。ならば、資格取得のための予備校を作ろう」というふうに考えるはずです。あるいは、大手企業の総務課ないし人事課に、「今の時代、御社のなかにも英語を勉強したいとか、資格を取りたいという人がいらっしゃることと思います。私どもは社員教育の一環として、御社の社員の方たちが、よりよき資格を取っていくお手伝いをしております」というように、売り込みをかけるかもしれません。

または、企業の課長代理までの名前、住所、電話番号が書かれている本をあたって、DMを送ったりもするでしょう。また、「外国人専門の高級マンションや外国人専門の不動産屋も必要になるはず。ならば、五カ国語のできる友人と一緒に外国人専門の不動産屋をやろう」などなど。

とにかく、「すべてがビジネスチャンスなんだ。すべてが売り上げを上げ、顧客を増やし、ビジネスを発展させていくヒントなんだ！」としか考えない。これが経営者であり、優秀なビジネスマンであり、創業者というものです。

証券会社のセールスでもない限り、景気や株価のことをどうこう言ったところで、意味はありません。不況のときには何が流行するのか、どういうビジネスが成功するのか。逆に景気のいいときには、どんなものが流行するのか、こういうことがつねに頭に浮かばないようでは、経営者として失格です。

つねに一歩先の需要を見て、ビジネスチャンスをつかんでいき、「これをやればもうかる！」というような、新しい売り上げに結びつくヒントを発見しつづける。そして、他社に先駆けて、新しい売り上げをどんどんつくっていく。逆に、自分の会社が危なくなりそうだ、という兆候があるときには、いち早く対処して、絶対に会社が潰れないように切り抜けていく。この、プラスのヒントとマイナスのヒントに、二十四時間アンテナをはりつづけるのが、成功するビジネスマンなのです。会社の経営者の生きる道は、これしかないのです。

とにかく、ジャーナリスト的な発想をしても、何ひとつビジネスにプラスにはなりません。日本経済の予測は専門家にお任せし、経営者として、目前の課題に全神経を集中させていくべきです。

以上、申し上げたような発想と行動力を持ちつづけて、ぜひ事業を成功に導いていただきたいと思います。

ご健闘をお祈りしております。

（二〇〇三年七月）

経営者になりたい私は、どんな勉強をすればいいのでしょうか?

Q 私は今、商社に勤めているのですが、将来は経営者になりたいと思っています。いったいどんな勉強をすればいいのでしょうか。

埼玉県さいたま市　Y・Tさん（24歳）

A まず初めに、「何でも独学でできる！」ということを、はっきりとお話し申し上げたいと思います。

世の中で、功成り名を遂げているすべての人が、立派な学校に行き、素晴らしい先生についているかと言えば、決してそうではありません。特に経営者は、それこそ裸一貫で立ち上げて、独学で成功している人のほうが圧倒的に多いのです。いいや、そういう人こそ、成功していると言えるでしょう。

確かに、勉強の仕方としては、誰か知っている人に聞くとか、その道のプロといわれる先生につくとか、専門の学校に行くとか、本を読むとか、いろいろな方法もあるのでしょう。しかし、やはり「どんなことでも独学で習得してみせる！」と思って、腹をくくって取り組む人でなければ、どんなことでも最高位まで習得できるものではありません。

だから、答えとしては、今から手当たり次第に本を読み、人に聞き、小さいことからいろいろと実務でやってみるべきです。経営とは、独学でやる試行錯誤の連続なのですから。

この例えとして、ここでちょっと絵の話をしましょう。

私は今まで、書や絵を何千枚、何万枚と描いてきましたが、日本画については、色の使い方、形、筆の技法、構図の取り方などの原則を、日本画の先生から一年間教えていただきました。しかし、二年目からは先生の教えをベースにして、自分から機会を見つけて、あらゆる場所でどんどん自分流に描いていきました。決して教えられたままにせず、自分としてやれる精一杯の努力をした上にも、さらに努力をして、しかる後に先生に見ていただきますから、自分で努力をした以上のものをアドバイスしていただくと、そのアドバイスが、頭にも体にもバシッと入るのです。

つまり、初めから口をあんぐりと開けて、ゼロからすべてを教えてもらうのではなく、まずは自分が取り組んで、それから教えを請うことが、何よりも大切なのです。だから、その教えを受ける時は、バシンと深く身に入るのです。

しかし、私が絵画を始めたそのルーツと言えば、絵の先生も何もいないときに、日本画とか水墨画とかの基本的な描き方の書籍が、たとえば日貿出版社から、『四君子（蘭・竹・梅・松）』という技法書をはじめとして、たくさん出版されていますから、それらの本をかたっぱしから買ってきて、一つずつ構図等を、仕事が終わってから明け方近くまで、毎日毎日、自分の手で描いて覚えたのです。とにかく、その本に書いてある構図の取り方などを、一つずつ色紙や画用紙に描いてみて、すべて自分で覚えたのです。つまり、基本となるものは、全部独学で、自分で描いて覚えたのです。

ですから勉強というのは、教わらなければできないものでは決してなく、何でも独学でできる、ということをぜひ知っていただきたいと思います。そういう姿勢のある人が、いったん先生についたら、めきめきと上達するのです。まさに、「一を聞いて十を知る」になるのです。何でも独学で習得するという姿勢が身についている人は、たとえ、月に一回でも年に一回でも、先生にチェックしてもらうだけで、どんなことでもあっという間に上達していくのです。

ただし、独学には壁があるのもまた事実です。ですが、その壁に行き着くまで、とことん自分で勉強し、さらに、ありとあらゆる本を読み、ぎりぎりまで自分でやってみて、それでも、「どこがいけないのかわからない」というときに、先生から教えてもらうと、「なるほど、そうだったのか。こうすればよかったんだ！」ということが体得できるのです。

だからといって、先生頼り、先生任せにしてはいけません。何度でも自分から再び取り組んでいくのです。そしてまた、行き詰まったときには、その行き詰まったところを先生からアドバイスを受ける。だから、また体得できる。この繰り返しの姿勢がある人は、先生の持っているエッセンスを、短期間のうちにどんどん吸収し、やがてその先生を越える成功者の道を歩むことになるのです。

このように、「何でも独学でできるのだ！」ということを、一生涯のうちのどこかで学び体得した人は、どんなことでもできる人になれます。

以上申し上げたように、「どんなことでも独学で習得できる」ということを、ぜひ優れた経営者となる勉強の基本だと考えて、どんなことからでも結構ですから、まずは自分で第一歩を踏み出し始めていただきたいと思います。

ご健闘をお祈りしております。

（二〇〇三年八月）

私は、一流のプロになりたいと思っています。

Q　私はインテリアデザインの仕事をしたいので、将来に向けて勉強しているのですが、仕事をするからには、一流のプロになりたいと思っています。プロをめざす人はどんなことをしているのでしょうか。

兵庫県神戸市　K・Hさん（27歳）

A　前項では、「何でも独学でできる！」ということをお話し申し上げましたが、今回は、「プロとアマチュアの違い」について述べたいと思います。

私が経営する予備校では、毎回、新入社員に対して、「世の中にはプロもいればアマチュアもいる。さて、この予備校業界で、プロと呼ばれる人とアマチュアと呼ばれる人の違いはいったいどこにあると思いますか」と、質問することにしています。この問いに答えられる人は、なかなかいません。しかし、答えは至って簡単なのです。それは、「受験専門誌を全冊、毎月毎月、欠かさずに読みつづけること。そうすれば、必ずこの道のプロになれる!」……これが答えであり、私が、新入社員も含めた全社員に、何回も何回も檄《げき》を飛ばしつづけていることなのです。

受験業界において、十数年前までは、旺文社の『螢雪時代』、学研の『Vコース』、そして、ライオン社の『私大進学』が、大学受験三大専門雑誌でした。今なおつづいているのは『螢雪時代』だけとなり、受験専門誌の現状もずいぶんと変化してきている昨今ですが、たとえば、こういった専門誌三冊を、毎月毎月、隅々まで読めば、一年間で三十六冊分を読むことになりますから、そこから得られる知識と情報は、ちょっとしたアマチュアではとても太刀打ちできないだけの、圧倒的な量と質になるのです。そうすれば、どんな受験生や保護者の質問に対しても、すべて自信をもって答えられるようになります。

しかし、こういう努力をしている人は、意外に少ないものです。一冊か二冊、適当に買ってきて、関係しているところとか、自分に興味のある部分だけを読んでいるのみで、全冊を買ってきて、隅から隅まで目を通している人はなかなかいないのです。これでは、アマチュアの域を出るものではありません。プロとしての自覚があるのならば、今私が申し上げたような努力をすることが最も大切であり、この努力を一年間、真剣につづければ、それは立派なプロと言えるのです。

これは、どの業界や業種についても全く同じことが言えます。確かに例外もあるでしょうが、とにかく、アマチュアではなくプロになろうと思うのなら、「業界誌や専門誌は、一冊とか二冊だけ読むのではなく、全冊読むものである！」という心構えと努力が必要なのです。

インテリアデザインの仕事で、あなたが一流のプロをめざすのでしたら、インテリアデザインで有名なお店を全部、実際に足を運んで、徹底的に研究することはもちろんのこと、インテリア関係の専門誌や業界誌を、一冊や二冊だけではなく、全冊買ってきて、全部に目を通すことです。さらに、朝日、読売、毎日、産経、日経の五大新聞を始めとして、日経流通新聞（現・日経ＭＪ）、日刊工業新聞、日刊産業新聞の全紙を取るのです。特に、日経流通新聞、日刊工業新聞、日刊産業新聞には、流通関係の素晴らしい情報がいっぱい入っていますから、これだけの努力をするだけで、どれだけ多くのビジネスヒントが得られることでしょうか。

ここでもう一つ、私がよく社員に注意するたとえ話をいたしましょう。たとえば、「マナーのことについて本を読んで勉強しなさい」といった場合、書店へ行って、よさそうだなあと思う本を、一冊か二冊買ってきて勉強する、というのはあくまでもアマチュアです。

しかし、プロは違います。書店の店員さんに、「あの、すみませんが、マナーに関する本を全部ください」と言って、全冊買って勉強する。全冊を買ってきて、たとえ全部を読まなくても、目次などに目を通し、必要なものをチェックして、全冊分のことが頭に入っている。そして、必要な時にはすぐに取り出して詳しく読める態勢を整えているのです。これがプロというものです。また、そういう本を実際に書けるプロというのは、必ず専門書を読破しているものです。専門書をたくさん読破して得た専門知識を、やさしく解説したり、書いたりするのが講演料を頂くプロであり、印税を頂く著者なのです。ですから、プロは蔵書をたくさん持っているのです。「アマチュアではなく、プロをめざしなさい」といって、こういう注意をするのです。

無論、人並みはずれた体験や経験から来る知識や技術だけで、経営を成功させている人もいます。しかし、それだけでは決して一流と言われる経営者にはなっていないはずです。一流の経営者には、何千冊、何万冊の蔵書をお持ちの方が多いのは、そういうことなのです。とにかく、業界で超一流のプロと言われる人は、圧倒的な読書量と読書力があるものです。ですから、一般に経営者には読書力や読解力のある人が多いのですが、「読書力のない人は、二流以上の経営者にはなれない」ということに関しては、また別の機会にお話しできればと思っております。

以上、申し上げたように、人並みはずれた実践、体験に加え、専門誌や業界誌を全冊買って勉強する姿勢を身につけることによって、一流のプロを、ぜひめざしていただきたいと思います。

ご健闘をお祈りしております。

（二〇〇三年九月）

「とにかく、経営者はたくさんの本を読め」というのは、いったいどういうことなのでしょうか？

Q 最近、経営者仲間から、何か機会があるたびに、「とにかく、かたっぱしから本を読め。そうじゃないと、立派な経営者にはなれないぞ」と言われます。言いたいことはなんとなくわかるのですが、いったいどういうことなのでしょうか。また、どんな本を読んでいけばいいのでしょうか。

東京都武蔵野市　K・Tさん（39歳）

A 前項でも少しふれましたが、今回は、「読書力のない人は、絶対に二流以上の経営者にはなれない！」ということを、明確にお話し申し上げたいと思います。

たとえば、元経団連会長の平岩外四氏。

周りのみんなから、「平岩氏ができないんだったら、ほかの誰がやってもできないだろう」と言わしめるだけの、圧倒的な実力者だったわけですが、彼はそれだけの人物だったわけではありません。ほかの誰よりも謙虚で、みんなに頭を下げながらも、言うべきことは明確に述べ、それでいて、相手を納得せしめる、深い知恵と幅広い知識、説得力のある豊かな表現力が、平岩氏には十二分に備わっていたのです。だからこそ、圧倒的な実力者だったのです。

では、いったい彼はどうやってそれらを身につけたのか。それはズバリ、「彼の読書力にある！」と言えるのです。平岩氏は蔵書が三万冊に迫るほどの、財界の一、二を争う読書家としてつとに有名でしたが、とにかく時間を見つけては、ありとあらゆる本を読んでいたのだそうです。その中でも、特に古典に精通していたそうですが、古今東西にわたる日本や中国、さらにヨーロッパの古典を読破し、そこから学び、叡智を吸収しつづけていたのです。

人類が残した叡智の結晶とも言うべき古今東西の古典を読破し、さらに、豊富な人生経験を積んでいくことによって、誰もが納得するだけの、圧倒的な説得力と文章力、表現力等がより深く、より確実に体得され、それに比例して、人間に対する洞察力もますます研ぎ澄まされていくのです。人間への愛情や信頼というものを、どう咀嚼《そしゃく》し、どう表現していくのか。「なるほど、あなたのおっしゃるとおりですね」と、人間の心情に訴えかけるだけの、文学性、哲学性、宗教性、論理性、普遍性は、やはり、何千冊、何万冊の読書量と読書力によってしか、身に備わらないのです。これらのものが身に備わっている人はみな、誰からも尊敬される立派な指導者となっています。特に中国の古典は、為政者のために書かれたものですから、組織の上に立つ人が読むべきものです。

逆に言えば、淘汰されずに残ってきた人類の叡智とも言うべき古典の読破が足りないということは、普通の人が普通に考える程度の知恵しかない、ということでもあります。

以前、私の著書にも書いたことですが、イギリス銀行協会の調査で、「イギリスで銀行の頭取になっている人には、いったいどんな人物が多いのか」という調査を行ったところ、「シェークスピアをこよなく愛している人が一番多かった」という調査結果が出たそうです。これは大変に興味深いお話です。

シェークスピアの作品は、人間のいい面も悪い面も、両方すべてがわかったうえで、人間を肯定的に見ています。ですから、シェークスピアをこよなく愛する人は、人間のいいところも悪いところも両方がわかって、さらに人間をどこまでも肯定的に見ていく目がある。だからこそ、魅力あふれるリーダーとなるのです。数量経済やマクロ、ミクロの経済理論等もすべて把握したうえで、人間の心に訴えかけていく文学性のある人が頭取になっている。シェークスピアを鑑賞し、読解し、愛するだけの中身と咀嚼力のある人でなければ、イギリスでは頭取になれない、というこの調査結果は、じつに大きな示唆を与えていると言えるでしょう。

それからもう一つ、たしか読売新聞だったと記憶していますが、一部上場企業の経営者や管理職の国語力をテストしたという記事を読んだことがあります。古文・漢文・現代文の論旨要約や空欄補充等の試験を、管理職や経営者が受けたところ、非常に面白い結果が出たそうです。役職別の平均点を出してみたら、実に見事なまでに、役職による国語力の差が明らかになったそうです。すなわち、係長クラスが六十五点、課長クラスが七十点、部長クラス八十点、取締役クラス八十五点、常務、専務九十点、そして、社長、会長九十五点、というものだったのです。つまり、役職や地位の差は、まさに国語力、読書力、読解力の差だったのです。

超一流の経営者や管理職は、会社のことも家庭のことも、ありとあらゆることを立派にこなす実力が備わっているのですが、やはりそれは、国語力、読書力、読解力があるからこそ可能なのです。逆に言えば、それがなければ、二流以上の経営者には絶対になれないということでもあります。

以上述べたように、経営者としての、圧倒的な実力を磨きながらも、純文学や古典、哲学書、宗教書等を読破しつづけ、それによって、豊かな説得力や文章力、表現力等を備えていくことが、超一流の経営者になる道であることをご理解いただき、ぜひ超一流の立派な経営者をめざしていただきたいと思います。

ご健闘をお祈りしております。

（二〇〇三年十月）

会社を黒字にするには、どうすればいいのでしょうか？

Q ビジネス用ソフトの販売会社を経営しているのですが、このところの不況続きで業績は悪化する一方です。あの手この手と八方手を尽くしているのですが、なかなか思うように黒字に転じてくれません。会社を黒字にしていくためには、いったいどうしたらいいのでしょうか。

東京都多摩市　I・Sさん（43歳）

A 「会社を黒字にする方法は？」と聞かれて、「はい、それはですねえ」と、あたかも数学の方程式を解くかのように、どんなケースでもスラスラと答えられる人はまずいないでしょう。また、アドバイスどおりにやれば必ず黒字になる、というようなウマい話があるわけもありません。もし、そんないい話があるならば、誰も苦労はしませんし、今ごろはすべての人が億万長者になっていることでしょう。しかし、現実はそんなに甘いものではありません。それはあなた自身が一番よく知っているはずです。

さて、私自身も三十年近く会社経営をしながら、今まで何百、何千という会社経営者とお会いしてきましたが、「この人がやると必ず会社がうまくいくし、黒字になる」という人もいれば、逆に、「この人はどんな会社を起こしても、結局は会社をダメにして赤字にしてしまう」という人もいるのです。これは厳然たる事実です。

では、この両者の違いとはいったい何なのか。

第一に挙げられることとは、何と言っても、精神力、志、想いの差です。「何が何でも、必ず会社を黒字にしてみせるぞ！」「会社の収益も、損益計算書、貸借対照表もすべて、絶対に黒字にするまで私は貫き通してみせるぞ！」という、黒字となる要因のすべてを吸い寄せてしまうほどの強烈な想いと、これを怠りなく実践していく圧倒的な精神力、というよりも粘着気質を、四六時中持ちつづけ会社経営に取り組む姿勢があるかないかの差です。いままで何度となく、精神力と志の大切さを述べてきましたが、これがまずダントツに第一です。これのない経営者が成功するはずがありません。

次に、どれだけ経営者が細かい事を骨惜しみせず、永続的に物事を徹底させる努力をしているかの差があります。汗水を流して、自分の筋骨、骨肉、頭のありとあらゆるものを極限までつかって、経営の重要項目を徹底させる実行力が大切なのです。特に中小企業では、経営者自らが現場に立って、率先垂範していかなければなりません。たとえば、内にあっては、仕事場の掃除を先頭に立ってやったり、倉庫に入れば在庫の分類チェックを徹底的に行ったり、そして、従業員ひとりひとりとつねにコミュニケーションをとるようにして、マーケット情報を得たり、どこまでも人材の育成を図ったりする。そして、ひとたび外に出れば、販売先をグルグル回って、実際に仕事や注文をもぎ取ってくる。

私は、創業の中でその大切さを誰よりもよく知りましたから、今でも社員といっしょに汗を流しつづけていますし、社員の何倍も徹底的に働く努力をしています。

反対に、小手先の中途半端な考えや理屈でものごとを処理しようとしたり、何でも面倒くさがって十分な検討もせずに、「あとはキミに任せたから」と、自分は汗をかかずに、すぐに従業員任せにしてしまうような、不精な人間が社長になったら、その会社は、収入においてはもうかっているはずなのに、必ず赤字になっていたりするものです。これは天地の法則とも言えるでしょう。

確かに、社長の運気や才覚も大切です。特に、社員が三十人までの中小企業は、社長の商売の才覚が、社業の九十パーセントまでを占めると言われています。しかし、やはり必要にして不可欠なのは、「必ず黒字にしてみせるぞ！」という思念の持続と、会社を経営していくための経営理論の研究、そして、社長自らがどこまでも汗をかくことを厭わない、という精神と現場で率先垂範していく実行力であります。

「稼ぎに追いつく貧乏なし」という格言がありますが、このことを肌身で感じている経営者は、何をやっても黒字にできる人だと言えます。人間誰しも、「もっと楽をしたい」「もっと遊びたい」「もっとサボりたい」という心を持っているものです。しかし、そうした遊惰安逸《ゆうだあんいつ》に流れる心は、あっという間に、怠りと慢心、愚痴と不満、そして、油断をもたらします。これが放漫経営の始まりです。何度となくお話し申し上げているとおり、統計的に、会社が倒産する最大の原因は放漫経営にあると言われているのです。

遊惰安逸に流されそうになる自分をグッと戒め、黒字にしてみせるという精神力を持ちつづけて、ギリギリまで骨肉を痛めつけて精進努力する経営者には、貧乏は絶対に追いつけません。ですから、こういう人は何をやっても必ず黒字になります。

以上申し上げた原理原則に立ちかえり、もう一度、ご自身の会社再建に全身全霊で取り組んでいただきたいと思います。そうすれば、必ずや会社が黒字に転じる日がやってくることでしょう。

ご健闘をご祈念申し上げます。

（二〇〇三年十一月）

社員に、報・連・相〈報告・連絡・相談〉を徹底させる秘訣はないでしょうか？

Q「報告・連絡・相談」いわゆる「報・連・相」が大事だ、ということですが、なかなか思うように社員に徹底できません。報・連・相を徹底させる秘訣はないものでしょうか。

千葉県船橋市　K・Nさん（41歳）

A　私も会社を創業して以来、多くの社員を教育してきた中で、この報・連・相の大切さを誰よりも痛感していますから、今でも社員には報・連・相を徹底させていますし、これを通してしっかりと社員教育をしています。

さて、報・連・相の中で、何が最も大切かと言えば、それはもちろん報告です。つづいて連絡、そして相談、という順です。昔から言われてきた言葉ですが、先人たちも、この順番でその大切さを知っていたのだと思います。

では社員にとって、報告とはいったい何なのでしょうか。それはズバリ、「義務」なのです。だから、上司や経営者は、報告を怠る社員に、絶対に甘い顔を見せてはいけないのです。

たとえば、少人数でがんばっている部署から、「今回のプロジェクトは、会社の存亡に関わる最重要事項ですので、全員、フル活動で頑張っておりますが、完成するのに、あと三カ月はかかると思います」というような報告書が上がっていたとしましょう。すると、その報告書を読んだ上司や社長は、「このプロジェクトは、あと一カ月が勝負なのだ。キミたちが頑張っているのは十分承知しているから、期間限定で、他の部署から五人応援を回そう。だから、ぜひとも一カ月で完成させてくれたまえ。期待しているぞ！」ということになるでしょう。また、「今回の新商品は大変人気があり、先月比一・五倍の売れ行きです」という報告が上がっていたならば、「よし、今が勝負だから、テレビ宣伝の予算を三倍に増やそう」ということになるかもしれません。

つまり、部下から報告がきちんとなされていれば、上司や社長は、会社にとってプラスになることについては、即刻、人・物・金を結集させることができるし、逆に、マイナスになることについては、いち早く解決するように、こちらにも人・物・金が動かせるわけです。それだけの権限を社長は持ち、上司はそれに準ずるものを持っているのです。また、いいものはより早く、大きく進め、悪い事はより速やかに、最小限の損害で済むように、上司は経験と知識と情報量と判断力を持っているのです。

このように見ていきますと、部下がきちんと報告しないということは、あってはならないことです。ましてや、自分が大事だと思う事項は上司に報告するけれど、そうではないと判断する内容については報告しない、という社員は大いに考えものです。というのは、「この内容は大したことがないなあ」と思うことが、実は会社にとっては非常に重要な事項であったりすることが、往々にしてあるからです。しかし、もっと問題なのは、自分で勝手に判断して、上司に報告する内容を取捨選択しているということは、上司よりも自分のほうが賢いと思っているという心の驕《おご》りが、その部下にはあるということです。これは絶対に許してはいけません。

ですから、いいのも悪いのも、両方を報告させるようにしなければなりません。しかし、なかには、いい報告しかしない、という部下もいるのです。その部下の報告書を読んでいると、問題が解決されていく内容しか載っていない。「本当かなあ？」と思って、別の人間に確認したら、実は問題点が残ったままだった、ということもあるのです。経営者は、問題点や苦情、そしてクレームがあったら、それをいち早く知り、次の打開策、改善策を次々と出していかなくてはなりません。つまり、問題点、苦情、クレームは経営者にとって宝物なのです。いい報告しか上げない社員には、上司に叱られることを恐れずに、その問題点はどうしたら改善できるのか、という自分なりのアイデアも、必ず提出するように教育していく必要があります。

また逆に、問題点ばかりを指摘してくる社員もいます。そういう社員には、少しでも前向きで、発展的で、明るくて、しかも具体的な改善アイデアを出すよう、教育する必要があります。問題点が発生した原因は何で、それに対する代替案や改善策を報告するように習慣づけていくのです。評論家のように、事なかれ主義で批判的な目でみていくクセを改めさせる、絶好のいい機会でもあります。

そして、報告書は必ず日切りをして、たとえば「明日の午後五時までに必ず報告書を提出しなさい」というように日切りをするのです。いわゆる「ケツカッチン」です。

今回は紙面の都合で、なぜケツカッチンが必要なのか、ということや、報告の次の「連絡」、そして「相談」がいかに重要なことかを、詳しくお話しできませんでしたが、また次の機会に、ぜひ述べたいと思います。

以上、申し上げたとおり、すべては社員教育であり、訓練です。報告書の大切さを何度も言って聞かせて、必ず報告書を提出させる。そして、部下が提出した報告書には必ず目を通し、その都度アドバイスをしてあげることです。部下の報告書がきちんとできていたら励ましてあげて、できていないようなら、厳しくしつけ、報告書の書き方や意義をしっかりと教育することです。この繰り返しと、経営者の社員に対する根気と情熱の持続が大切なのです。ぜひ頑張っていただきたいと思います。

（二〇〇三年十二月）

連絡のつかない社員が多くて困っています。

Q いったん営業に出てしまうと、一日中連絡が取れなくなってしまう社員が多くて、大変困っています。注意をすると、しばらくは連絡が取れるようになるのですが、ほどなくすると、再び連絡が取れなくなってしまいます。いったいどうすればいいのでしょうか。

神奈川県川崎市　Y・Tさん（39歳）

A「報・連・相……報告・連絡・相談」の大切さのなかでも、「報告」がいかに会社にとって重要であるか、また報告書を徹底させることが、いかに大切な社員教育であるかなどを詳述いたしました。今回は「報告」の次の「連絡」、そして「相談」の重要性についてお話ししたいと思います。

中小企業で、連絡の取れない社員を抱えて困っている経営者は、意外と多いのかもしれません。「報告は社員にとっての義務である」と申しましたが、連絡もやはり、社員にとっての義務だと言えます。会社にとって報告の次に大事なのは、何といっても正確で敏速な連絡です。それくらい、連絡する能力は社員にとって重要な能力なのです。もちろん、ひとりの人間としても、連絡する能力が大切であることは言うまでもありません。

会社を経営していく上で、経営者や上司は、絶えず的確な指示を部下に出しつづけなければなりません。ですから、部下は絶対に連絡が取れるようにしておく必要があります。そうでなければ、会社はうまく回っていきません。

上司が十回連絡をすれば、正確に敏速に、たとえ深夜であっても、十回必ず連絡が取れるようにしておく。たとえすぐ電話に出られないときでも、上司が部下に留守電やメールを入れておけば、連絡の取れる状況になり次第、十回なら十回、百回なら百回、すぐ部下が返事をする。これは、全く当たり前のことなのですが、案外徹底できない人があり、必ず実行させる必要があります。もし、商談等の理由で、連絡の取れないことが事前にわかっているのなら、「本日の午後一時から三時までは商談が入っていますので、その間は連絡が取れないと思います」というように、前もって上司に連絡するようにしておけばいいわけです。そして、商談が終わったらすぐに、留守電やメールが入っていないかどうかを確認させたり、上司に電話を一本入れさせたり、という当たり前のことの実行訓練を部下に徹底させれば、いついかなるときでも、上司は部下と連絡が取れるようになります。もし、それができていない社員がいるとすると、必ずボーナスや職能給から減俸し、毎回ボーナス支給の時にそのことに言及して手渡すべきです。

今申し上げたことは、当たり前といえば当たり前ですが、連絡が確実に取れる、ということは、社員として、あるいは仕事の相手先として、良識を持って一緒に仕事を進める最低限の約束事でもあります。逆に言えば、連絡が取れない、とか、なしのつぶてになってしまう人とは、一緒に仕事ができないことになります。だから、永続的に仕事が依頼できなくなりますから、当然、信用も失うし、チャンスも大きく逃すことになります。

このように見ていきますと、「すぐ連絡が取れる」ということは、社員としても、ひとりの人間としても、いかに重要なことであるかがおわかりいただけると思います。ですから私は、愛情をもって、報告と同様、連絡も徹底させて、しっかりと社員教育を図っているのです。

さて、「報・連・相」の最後の「相談」ですが、今まで申し上げてきたとおり、ふだんから、部下に「報告」と「連絡」さえきちんとさせていれば、相談すべき事態が大きくなってしまう前に、ほとんどの問題は解決できます。また、改善も素早くすることができます。いや、そうしなければならないのです。相談が特にない場合でも、報告と連絡の内容を見て、経営者や上司のほうから、「これはどうなんだ？」という形で、部下に話もできるわけです。

逆に、報告も連絡もないのに、いきなり「実は社長、今回お任せいただきましたプロジェクトですが、もう、にっちもさっちもいかない状況に陥ってしまいました。何とかなりませんでしょうか」と、突然部下が相談にやってきても、社長としては、「なんでこんな事態になってしまう前に、もっと早く報告や連絡をしてこなかったんだ！」となってしまいます。「申し訳ありません、社長はとてもお忙しそうなので、なかなか申し上げるタイミングがありませんでした……」というように、もう、どうしようもない状態になってから来られても、これはもう、莫大な時間とエネルギー、労力、費用等が失われてしまうわけですから、会社にとっての大損失です。そうなってからでは遅いのです。

このように見ていきますと、全社員に報告と連絡を徹底して義務づけることが、会社の存続にとっていかに重要であるかがおわかりいただけると思います。相談の前に連絡、連絡よりも報告、つまり、一番大切なのは報告、その次に大切なのは連絡だ、と言うことです。「報・連・相」とは、実にうまく表現しているものだと思います。

以上、「報告・連絡・相談」の重要性を述べてまいりましたが、とにかく、大切な社員に「報告・連絡・相談」を徹底させて、しっかり社員教育をしていくことは、経営者としての、社員に対する大きな愛情であり、責任であり、義務であり、使命だと思ってください。ぜひ、しっかりと頑張っていただきたいと思います。

ご健闘をお祈りしております。

（二〇〇四年一月）

根気がなく、粘りのない社員が多くて困っています。

Q 近ごろの若者の傾向かもしれませんが、「何が何でも顧客を獲得してくるぞ」といった気概性と粘りが乏しく、「今日も少ししか営業が回れませんでした」と、さばさばと帰ってくる社員が多くて困っています。何度も注意をするのですが、あまり効果がありません。いったいどうすればいいのでしょうか。

静岡県浜松市　T・Yさん（42歳）

A 「企業にとって、優れた人材とは何か？」という問いに対する答えはさまざまでしょうが、今回は特に、「優れた人材であるかどうかの差は、その人間に粘りがあるかどうかが大きなターニングポイントとなる！」ということと、「粘りとは、まさに反復である！」ということについて言及したいと思います。

「営業は、断られたときから始まる！」という名言がありますが、これなどもやはり、粘りがあるかないかが大きな鍵を握るわけです。販売先を新規開拓する場合、ほとんどの訪問先からは、「わが社はもう全部業者が決まっており、間に合っているから結構です」と断られるのがオチだと思います。しかしこんなときでも、ドアに足を押しはさんででも、「どうかそうおっしゃらずに、何とかお願いいたします。ぜひ話だけでも聞いてください！」と、たとえ断られようとも、何回も何回も通いつづけていけば、やがて相手先から、「いやあ、あなたの粘りと根気には負けましたよ。おたくの機種を来期から採用することにしましょう」と言わしめることが可能なのです。いや、それこそが営業手腕の見せどころであり、何度も何度も反復し、「やり遂げるまで必ず行きつづける！」という、粘りと度胸と気力が必要なのです。新規開拓とは、こうやって切り開いていくものです。

しかし、これらのことはいくら社員に注意してもだめです。経営者や営業部長や営業課長が率先垂範し、その営業マンを同行させ、実際の交渉の迫力や粘りを体験させる必要があります。そして、全社的につねに社長が率先して営業の模範となり、そういう粘りの営業の社風を作る必要があります。口で注意するだけでは、決して優秀な営業マンは育たないのです。また、給与の体系や上司の部下に対するパフォーマンスも大切です。一生懸命やり、業績を上げる営業マンとそうでない営業マンを、はっきりと区別し、格差をつけるのです。こうして、つねにやる気と情熱を燃やし、怠りは許されない社内の空気を作るのです。

ここで集約深耕という営業形態を紹介しましょう。これを徹底的に行っていたことで有名なのが、トヨタであり蛇の目ミシンです。完全なテリトリー制で、自分が担当するテリトリーを、隅々くまなく、何回も何回も粘り強く、反復して回りながら、販売していくという方式です。狭い範囲を一軒一軒チェックし、ライバルの侵入を許さない独自のものです。また、たとえばトヨタの場合など、一軒一軒家をめぐり、車を見て車検の期日をメモし、絶妙な車の買い替え時期に、積極的なセールスをするのです。

さて、何度も足を運ぶことによって、難攻不落の相手から、見事契約を手に入れたという実例は幾多もありますが、戦後最大の呼び屋と言われた、故・神彰《じんあきら》氏が、旧ソ連のボリショイサーカスを日本に招聘《しょうへい》したときのエピソードを、ここではご紹介したいと思います。

神彰氏はある日、ボリショイサーカスを見て、「こんな素晴らしいサーカスを日本人は見たことがないから、絶対にボリショイサーカスを日本に呼びたい」と思い、「ボリショイサーカス団を日本に呼びたいから、大使にお目にかかりたい」と、直接、旧ソ連大使館に交渉に行ったそうです。もちろん、面識も何もない神氏は掛け合ってもらえません。しかしその後、雨が降ろうが風の日であろうが、断られても断られても、一日も欠かすことなく、何十日間も朝九時ぴったりに、旧ソ連大使館に通いつづけたそうです。そうしたところ、ついに大使は心を動かされて、「あなたが毎朝九時に通いつづけていたのは聞いておりました。そこまで熱心に、わが国の宝とも言うべきボリショイサーカスをご理解いただき、愛していただき、日本人に絶対見てほしいという、あなたの情熱に大変感動いたしました。本当に素晴らしいことであり、ありがたいことです」ということで、日本における興行権のすべてを託されたそうです。その後、実際に後楽園でサーカスを興行するための資金集めについても、神氏はものすごい実行力を発揮し、大成功を収めたのです。

この神彰氏の話は、まさに、粘りと反復の最たるものと言えるでしょう。裸一貫、何もないところから、圧倒的な粘りと反復によって、道を開いていったのです。

実は私の祖母も、「そごう」にまんじゅう屋を出店するまでの半年間、断られても断られても、毎日一日も欠かすことなく、担当者に交渉しつづけ、ついに、その担当者に、「もう、わかりました。あなたの粘りと根気には脱帽です。どうか、一番お好きなところにどこでも構いませんから、ご出店してください」と言わしめ、そごうの一番いい場所にまんじゅう屋を出し、その後、大繁盛したそうです。

いずれにしても、この両者に共通していることは、何もないところから、何回も何回も反復して行きつづける粘りと根性によって、大成功の道を勝ち取ったということです。毎日、「絶対にここを手に入れるんだ！」という、念力にも近い思いが相手にも伝わり、人の心を動かしたと言えます。粘りと根気と反復が何よりも大切なのだ、ということを、この二例は教えてくれていると思います。

経営者として、社員を優れた人材にするように育成するのもやはり、粘りと反復です。たとえ社員が一回や二回失敗しても、できるようになるまで、また、わかるようになるまで、何回も反復して社員を教育する必要があります。ぜひ大切な社員を、立派にするべく、しっかりと教育していただきたいと思います。
ご健闘をお祈りしております。

（二〇〇四年二月）

従業員にある程度、仕事を任せたいのですが…。

Q 私は喫茶店を十店舗ほど経営しているのですが、ちょっと私の足が遠のく店があると、その店は売り上げがだんだん落ちていきます。なんとか経営者である私が行かなくても、売り上げの上がる方法はないでしょうか。

宮城県仙台市　N・Mさん（37歳）

A 今まで何度となく申し上げていますが、特に中小企業の経営者は、「現場主義に立たなければ、絶対に会社の実情はわからない」のです。

このことは、全く当たり前のことなのですが、経営者自身がつねに現場へ行き、会社の実情を確認するように努めないと、会社の舵取りは、あっという間に間違った方向に進んでしまう恐れがある、ということなのです。

というのも、社員が報告書どおりに動いているとはかぎりませんし、こちらが指示した内容を、社員が徹底して実行しているかどうかも、確認するまではわからないからです。ですから経営者は、つねに現場に行き、報告で上がっている内容や指示したことが、きちんと為されているかどうかを、シビアにチェックする必要があります。そして、できていないときには、厳しくしつけ、できていたら励ましてあげるなど、その場その場で、厳しくも温かい教育をしてあげなければなりません。

さらには、ものの考え方や仕事の優先順位、また、仕事を進める上で、期限を区切って、その期限内に必ず仕事を仕上げていくことの大切さなども、直接身をもって現場で教育をするのです。こういう経営者のたゆまぬ努力と情熱は必ず社員に伝わり、いざというときに、全社員が一丸となれるのです。

かくいう私も、最近、「経営者が現場主義に立たなければ、会社の実情はわからない」ということを、改めて痛感したことがあります。

店舗の経営者は、「どうすれば、一人でも多くのお客さまに来ていただけるのか」また、「どうすれば、一度来ていただいたお客さまに、もう一度、足を運んでいただけるのか」ということをつねに考えているものです。ですから、お店の看板一つでも、「ここの看板を見て来ました」と言って来店してくださるお客さまが、一人でも二人でも増えてほしいのです。ということは、オシャレでかっこいい看板より、わかりやすくて、よく目立ち、印象に残る看板を経営者は欲しいわけです。「業界一目立つ看板」がポリシーである私は、電飾やイルミネーションをいっぱい使用した看板を、社員に任せながらも、最終的には、いつも自ら現場に立ち、直接指示して製作し、大きな効果を得ているのです。

ところが先日、私が経営する銀座の店舗に立ち寄ったとき、そこの看板があまりにも地味で、全く目立たないものだったのです。しかも、せっかく銀座に店舗を出しているのに、そこは人通りのあまりない、とても一等地とはいえない物件だったのです。私が現場で、最終的に確認すればよかったのですが、このときは、海外出張等の理由により、ある程度社員に任さざるを得なかったのです。もちろん社員に指示を出し、社員からの報告に目を通して確認していたのですが、この日改めて、「経営者が現場主義に立脚しないでいると、会社の実情は途端にわからなくなる……」ということを、痛切に感じた次第です。

とにかく私は、早速その店舗の責任者を呼び、現場で直接指示を出して、看板をすぐに取り替えさせたことは言うまでもありません。

もう一つの出店場所についてですが、経営者は、たくさんのお客さまにご来店いただくために、必ず、一等地に店舗を構えようとするものです。「一に立地条件、二に立地条件、三、四がなくて、五に立地条件」と言われるくらい、一等地に出店することが何よりも大切であり、それがすべてです。逆に、安くて広いからといって、人通りが少なくて、駅から歩いて十分も二十分もかかるような、立地条件の悪い場所を借りてしまったら、人はもちろん来ませんし、従業員も行きたがりません。取引先なども、だんだん足が遠のいて、その結果、すべてが悪循環となり、やがて、ジリ貧になっていくのです。これでは、その店舗経営は失敗です。

必ず成功させる経営者は、たとえ小さな店でもいい、立地条件が最高によく、人・物・金がいっぱい集まってくるような一等地を、自ら足を運び、他の業者を押し分けてでも、その一等地を必ず手に入れます。そして、そのために必要な資金を、何が何でも捻出しようとします。それくらいの根性と粘りと度胸のある人間でなければ、絶対に会社は成功しません。たとえ小さな場所でも、一等地はすべてがいい回転をしていますから、ちゃんと努力をしていると、やがて黒字になり、必ず赤字を取り戻すことができます。

いま述べたことを、従業員に何度も話をし、また、私自身が身をもって教えているのですが、この件についても、経営者が現場に足を運ばないだけで、会社の実情がわからなくなるものなのです。逆にいえば、社員の報告だけを頼りにしていてはいけないということは、永遠不滅の中小企業の真理だと思ってください。

この店舗物件については、一等地の物件が見つかるまでは、今の場所で、より多くのお客さまに来ていただく最大の努力をし、一等地の物件が見つかり次第、そこに移転するよう、社員にすぐ指示を出したのです。

このように、中小企業の経営者は、つねに現場に足を運び、会社の実情を確認する努力をつづけなければならないのです。社員にある程度任せたいというお気持ちはよくわかりますが、一流上場企業のように、優れた人材がたくさんいるわけではありません。だから、必ず根気よく現場主義を貫いて、店舗を成功させてください。
ご健闘をお祈りしております。

（二〇〇四年三月）

計数に強い経営者になりたいのですが……。

Q 私はやがては独立して会社を立ち上げようと思っています。そこで、財務や計数に強い経営者になりたくて、書店でそれに関する本を買っては来るのですが、なかなか思うように理解できません。何かいい方法はないでしょうか。

大阪府大阪市　T・Nさん（27歳）

A 確かに、経理や財務を抜きにしては会社の経営はできません。会社の活動はすべて、資金の流れで計算できるわけですから、経営者は損益計算書と貸借対照表、さらには、平均の粗利益や在庫量、商品の回転率等を正確に読み取り、会社全体がもうかっているのかもうかってないのか、また、どこをどのように改善すればいいのかを、具体的な数値で掌握しなければなりません。

私も会社を創設したころ、一日も早く計数に強い経営者にならなければと思い、経理に関する書籍を、図解入りのものも含めて、かたっぱしから買ってきては読んだものです。しかし､私の疑問に答えてくれる本はほとんどありませんでした。それに、会社を経営している方はおわかりのことと思いますが、会社を立ち上げたころは特に、毎日が徹夜つづきであまりにも忙しく、本を読んでいる時間が思うように取れないのもまた事実です。もちろん、経理と財務を専門に会社経営をするわけにもいきません。

そこで私は、せっかく顧問の税理士がいるのだから、損益計算書や貸借対照表について、一つずつの項目やその見方等を、税理士にわかるまで徹底的に聞いて確認したのです。そうしたところ、一見難しそうに見えていた単語や語句も、「要するに、これはどういうことですか」という観点から質問をし、「要するに、こういうことです」というように、税理士から一つずつ説明を受けると、すべてが実に簡単なことだったのです。そうして、その日のうちに損益計算書も貸借対照表も、そして、言葉の意味も見方もほぼ完全に理解することができたわけです。

ですから、「計数に強くなりたい」ということでしたら、税理士か経理に詳しい方に、直接聞いて確認することがもっとも早く、しかも、正確に理解できる方法だと思います。今後、会社を経営していくなかで、わからないことが出てきたら、その都度、税理士にこまめに電話で聞いて確認すれば、あっという間に、計数に明るく、財務に精通した経営者になれることでしょう。

ところで、経営者が計数に弱いと資金繰りも圧迫しますから、世間では、「企業経営でもっとも大切なのは資金繰りである」ということがよく言われております。

確かにそのとおりであり、資金繰りが上手くできなければ、会社倒産の憂き目にも遭いかねません。

しかし、企業経営でもっとも大切なことは何かといえば、それは、「売り上げが上がりつづける」ことなのです。これは、私の今までの著書やこの本でも、何度となく申し上げていることです。まさに、永遠不滅の法則といえるものです。

売り上げが上がり、さらに粗利が取れて利益が上がりつづけていれば、資金繰りで困ることはまずありませんし、資金繰りも楽しくなるわけです。逆に、売り上げが上がらなかったり、粗利が取れなかったりすると、当然のことながら、会社はだんだんジリ貧状態になっていきます。そして、毎月毎月が自転車操業となり、最終的には倒産してしまうのです。ですから、資金繰りで頭を悩ます以上に、売り上げが上がりつづけ、利益が十分に取れつづけていくことが、会社経営にとっては何よりも重要なことだと言えるのです。

計数に強くなりたいと、あなたがおっしゃることはもっともであり、経営者は財務や計数に強くなければなりません。財務管理ができて初めて、会社の経営方針が明確に打ち出せるからです。

しかし、それ以上に、経営者がつねに考えなければならないことは、今まで申し述べてきたとおり、「粗利の取れる売り上げを、上げつづける」という積極策しかないのです。それがあっての財務管理です。同業他社やライバルが多いなか、会社を圧倒的に成功させ、さらに発展させていくためには、粗利の取れる売り上げを、上げつづけるという一点において、経営者は四六時中、情熱と研究とエネルギーを保ちつづけなければならないのです。

とにかく経営者は、経理や財務に強くなければなりませんが、それ以上に、企業経営でもっとも大切なことは、粗利が取れる売り上げを上げつづけることだ、ということをしっかり念頭に入れて、会社経営に頑張っていただきたいと思います。

ご健闘をお祈りしております。

（二〇〇四年四月）

外資系の企業に飲み込まれそうです。

Q 私の経営する業種に、外資系企業が大きな資本力をもって進出し始めており、次第に経営が圧迫されつつあります。いろいろと手は尽くしているのですが、不安でたまりません。

愛知県名古屋市　T・Mさん（41歳）

A 会社を創設した初めの約十年間、私は国内におけるメーカー、問屋、小売など、さまざまな業種をいくつも経験してきました。もちろん試行錯誤もありましたが、それらの経験をすべて活かし、やがて業種でトップになるノウハウを確立し、いまなお、業界のトップを維持しております。

私が国内から海外に向けて本格的に進出するようになったのは、会社創設の十一年目くらいからですが、外資系、特に欧米人と仕事をしていて強く感じるのは、なんといっても向こうは、「圧倒的なスケールとパワーとダイナミックスでガンガンに推進してくる」ということです。

これは外資系企業や欧米企業の特徴というよりも、欧米人、特にアメリカ人の性質であり、ものの考え方でもあります。

そもそも外資系企業は、たとえば、ある企業目標のために、いまの従業員で十分な成果が期待できないということになれば、給料を二倍出してもいいから、能力のある優秀な従業員に全員を入れ替えて、目標達成のために最短距離で進めていくのです。いわゆる、タイム・イズ・マネーという、外資系、欧米型企業の考え方です。信賞必罰を徹底することで、アメリカはつねに世界をリードしてきたわけですから、企業がトップでありつづけるためには、これが最短の方法なのかもしれません。

しかし、この考え方がすべてではありません。従業員を立派に育て、社員全員で目標に向かって頑張っていこうという、日本型経営ももちろん、素晴らしい面がいっぱいあります。欧米の企業でもこのやり方を取り入れて、大成功している会社がたくさんあるのです。ただ、日本型経営では、一つの大きな目的に向かって、大胆に決断し、大胆に実行していくという、スケールとパワーとダイナミックスに、どうしても欠ける面があります。もっともいいのは、欧米式と日本式の融合です。

ですから、われわれ日本の企業は、欧米やアメリカがスケールとパワーとダイナミックスで進めてくるのであれば、欧米やアメリカ以上に、もっとスケールをでかく、もっとパワーを強く、もっと大きなダイナミックスで推進していく必要があります。それを、スケールとパワーとダイナミックスが足りない分、精神力と技術で補おうとするのはだめです。それでは、決して世界をリードできません。精神力と技術でチームが一丸となる高校野球より、一時代前に〝智将〟と言われた池田高校の蔦《つた》文也元監督のように、パワーとスケールとダイナミックスをベースにした高校が、夏春連続優勝を遂げるのです。「何かの替わりにこれがある」というのは、二流の発想で優勝できません。全国制覇し、さらに連続で勝つためには、「あれもあり、当然これもある」という、すべてが兼ね備わったものが一流の発想です。これが全国優勝できる発想なのです。

だから、スケール、パワーとダイナミックスに加え、さらに、日本人の精神力ときめ細かな技術力等をプラスすれば、絶対に外資系企業に勝てるはずです。経営者がそれだけの気概をもたなければ、あっという間に外資系に飲み込まれてしまうのは自明の理です。

世界の大企業であるソニーやトヨタ等を見れば、経営者がいかにこの気概をもたなければならないか、ということがよくわかります。


今回はそのなかでも、ソニーの創業者である盛田昭夫さんのエピソードをご紹介したいと思います。盛田さんも武勇伝がいっぱいある人で有名ですが、一九六二年にニューヨークではじめてソニーのショールームを開設するときに、盛田さんはなんと、「ティファニー」や「カルティエ」などの超高級ブランド店が立ち並ぶ、マンハッタン最高の一等地・ニューヨーク五番街をショールームの場所として選んだのです。さらにはその入口に、日本国旗を掲げたというのです。

出店場所として、ニューヨーク最高の場所を選び、さらにその店の入口には、戦後のニューヨークがはじめて目にする日章旗を堂々と掲げたというのです。これを見れば、盛田さんの圧倒的なスケールとパワーとダイナミックスと、さらには、「世界に負けるものか！」という度胸と根性を感じます。これらのものがなくして、盛田さんの行動はなかったわけです。その上に、他の追随を絶対に許さない高い技術と、日本人としての精神性があったからこそ、ソニーは「世界のソニー」になったといえるのです。

さて、日の丸を店の入口に掲げたことがアメリカで報道されるやいなや、新製品である十三インチの小型テレビは、またたく間にアメリカ家庭に広がっていったそうです。大変に有名な話です。

これは盛田さんのエピソードのほんの一例にすぎませんが、もちろん、盛田さんだけではなく、松下幸之助さんや本田宗一郎さんなど、その分野で世界一の大企業をつくってきた偉大な創業者たちは、みんなそうだったわけです。

成功するかしないかは、すべて経営者次第です。特に何もないところから企業をつくってきた創業者はみな、圧倒的なパワーと気迫、スケールの大きさがあるのです。だからこそ、世界をリードしているのです。

「外資系に飲み込まれそうだ」と弱音を吐く前に、いままで申し上げた、圧倒的なスケールとパワーとダイナミックス、さらに、日本流のきめ細かさと精神力で、もう一度、経営を見直していただきたいと思います。そうすれば、必ず成功するはずです。ぜひ、頑張ってください。

ご健闘をお祈りしております。

（二〇〇四年五月）

経営者には、ひらめきと直感が必要だと思うのですが……。

Q 一流といわれる経営者はみな、素晴らしいひらめきと直感をもっていると思います。そこで私も、ひらめきと直感を磨きたいのですが、どのようにして磨けばいいのでしょうか。いい方法がありましたら、ぜひ教えてください。

神奈川県川崎市　T・Kさん（35歳）

A 確かに経営者にとって、ひらめきと直感はとても大切なものです。めまぐるしく動く日々の経済情勢と、同業他社がひしめき合う危機感のなかで、経営者は次々と迅速な決断と指示を出し、そして、実行に移していかなければなりません。みんなの叡智を結集することはもちろん必要ですが、最終的には、経営者自らが、ひらめきと直感と才覚をもって、次々と判断していかなければならないわけです。

もし、まちがった判断をして会社を倒産させてしまえば、自分はもちろんのこと、全従業員とその家族を路頭に迷わせることになってしまいます。経営者にはそれだけの重い社会的責任があります。ですから、「素晴らしいひらめきと直感を磨きたい」というお気持ちは、とてもよくわかるのです。

しかし、「ひらめきと直感だけに頼った会社経営は非常に危険である」ということと、「企業をもっと発展させていくためには、ひらめきと直感だけの経営では絶対に不可能である」ということを、ここではっきりと申し上げておきたいと思います。

先述しましたように、経営者にとって、ひらめきと直感は確かに大切なものです。しかし、だからこそ、経営者が磨きつづけなければならない、もっと大切なものがあるのです。それは、「幅広い学識と知力」であります。以前、「本物のひらめきと直感とは、自分の豊富な人生経験と、深い学問と知力から、自然とにじみ出てくるものである」と申しましたが、全くそのとおりなのです。

どんな企業でも、初めは小規模からスタートしているはずです。しかし、小さいままで終わってしまう企業もあれば、どんどん発展させていく企業もあります。おそらく、ひらめきと直感と才覚があるところまでは、みな同じだと思います。ところが、企業をますます発展させる経営者には、それにプラスして、表現豊かな説得力と、要約し本質を見極める学問、また情報を集めて探求し、問題を解決しつづける粘り強い知力が必要で、それを実行しつづける刻々の努力や度胸が必要なのです。つまり、超一流の経営者たちは、直感や自分の経験だけに頼るのではなく、日々、ありとあらゆる本を読み、特に、人類が残した叡智の結晶である古今東西の古典を読破しているのです。それに加えて、謙虚に人から意見を聞き、正確な情報をつねに収集しています。

これらは本物の正しい直感やひらめきを得るための前提条件となるものです。

では、ひらめきや直感そのものは、どうすれば得られるのでしょうか。三つの角度からお答えしましょう。

まず宗教的な悟りや芸術的なひらめきは、天上界《てんじょうかい》や天使によってもたらされると言われていますが、事業家のひらめきは、多くの場合、先祖霊を中心にした背後霊団によってもたらされると言われます。多くの経営者が事業に行き詰まった時、先祖の墓に参り、それから事業が順調に行くようになったとか、いいアイデアがひらめいたと証言しています。また、お不動さんの日切り祈願や有力な産《うぶ》土神社《すな》（鎮守様）の二十一日祈願の満願の日に、ひらめきや直感があって決断し、それで成功したという人も多いのです。これら、多くの経営者による実体験の証言は、ひらめきと直感に関する大きなヒントになると思います。

二つ目は「雑用は判断の揺りかご」という考え方の角度です。この言葉は、本当に正しい直感やひらめきとは、正しい判断力を生むものであることを示しています。また、「生活の智恵」という応用工夫のひらめきや、実体験の実務の上に現れる叡智のことでもあります。それが、つねに正しい判断をする本《もと》になるのです。

では、これはどこで生まれるものなのか。それは、雑用や仕事の後始末などを、黙々と実行している時に生まれるのです。だから、経営者は雑用を厭わず、率先垂範して体を使い、汗を流し、雑用、雑務に励むべきなのです。白隠禅師《はくいんぜんじ》の言う「動中《どうちゅう》の静《せい》」に近い積極的な無の空間を作るのです。だから、その積極的な無の空間にひらめきや直感がやってきやすいのです。神道《しんとう》では、それを奇魂《くしみたま》の働きと言ったりします。

三つ目は釈迦の言葉です。仏教では教誡神通《きょうかいじんつう》と言って、「人間としてあらゆる努力をし、さらに一層努力し、その上に一層努力に励む時に出てくる直感力。これが本物である」と言っています。つまり、ビジネスでは人の三倍汗水垂らして働き、また人の三倍研鑽に励む時に出てくる直感力こそが、事業を成功に導く直感力であるということです。正しい直感力とひらめきの前提と本質は、こうして結びつくのです。以上のことを頭に入れて頑張ってください。

成功をお祈りしております。

（二〇〇四年六月）

社員の定着率を上げるには、どうすればいいのでしょうか？

Q 中小企業の経営者です。最近は業績もだんだんと上向き、経営的には安定してきているのですが、どういうわけか社員が居つかなくて困っています。

東京都大田区　N・Yさん（48歳）

A 私はいつも、「販売管理」「財務管理」「労務管理」「資金調達」「税金対策」を経営の五本柱と言っています。会社をゼロから興して経営していくためには、経営者が必ず覚えておかなければならないことです。そして、この五本柱をバランスよく実行し、運営していくことが、経営というものだと思っていいのです。

さて、社員の育て方や社員の定着率という「労務管理」にお困りのようですが、中小企業の経営者が集まる席では、つねにこの話題がのぼります。それだけ、中小企業にとっての共通の悩みの種なのです。

では中小企業で、社員の定着率をよくする方法は何かと言えば、それは、「温かみのある、社員との家族的なつながりを大切にする会社づくり」をするしかないのです。

私はよく、大企業に行く人と中小企業に行く人の違いについて話をします。最近は、中小企業でも特色ある会社の魅力をアピールする所には、優秀な大卒者が行く場合があります。しかし、ほとんどの場合は、知力、体力、精神力の三拍子揃った大卒者は、有名な大企業に行くのが通例です。そして、中小企業に行くのは、何らかの事情でそこをやめた人か、知力か体力、精神力のどれかが足りない人、または、協調性の欠如のために、大きな組織でやっていけない人などが来るのです。優秀な高卒なら、かえって理屈が多くて行動力がない大卒よりは、余程いい社員と言えますが、なかなかそういう人とも巡り合えません。また、概して、知力が抜群に秀でた人が少ないということでもあります。即ち、感情豊かな人が多いというのが、中小企業の社員の特徴でもあるのです。

ですから、中小企業において社員の定着率を上げるためには、「感情的に満たされる温かい社風にする」、または、「温かみの感じられる、家族的なつながりのある会社づくりに努める」ことが大切なのです。特に、社長の人柄に惹かれてずっと会社で頑張る社員が多いのも、中小企業の特色です。

そのためには、「社員一人一人に対する、公私にわたる面倒見の良さ」が必要なのです。たとえば、「世界のホンダ」も、小さな町工場からスタートしたわけですが、やはり、本田宗一郎氏の圧倒的な人間的魅力に惹かれて、社員がついていったわけです。本田氏には有名なエピソードがたくさんありますが、そのなかでも、海外から来た大切なお客さまが、昔ながらの「おつり式トイレ」に入れ歯を落としてしまったときの話が、大変印象的です。なんと、その時本田氏は、自ら裸になって、昔の汲み取り式のトイレの、肥の中に入って手探りで入れ歯を見つけ出し、さらにその入れ歯をきれいに水洗いし、しかも、本人に渡す前に自分がはめてみて、「ほら、大丈夫だよ。はい」と言って渡してあげたというのです。そのトイレのある料亭の人も、他の社員も、ただただ呆然と見ているしかなかったそうです。それ以来、そのバイヤーはすっかり本田氏の大ファンとなり、どんなことがあってもホンダを大切にしたといいます。

このエピソードからもおわかりのように、中小企業は、「温かみのあるこの社長についていこう」「温かい自分の親父やお袋のような社長のいる会社に、これからもずっとお世話になろう」と、社員が思える社風が絶対に必要なのです。本田宗一郎氏や松下幸之助氏といった人たちも、はじめは小さな町工場からスタートして、やがて大企業に成長させていったのですが、やはり、社員や取引先の面倒見が大変良く、経営者としての商才と、そういう人間的魅力が相俟《あいま》って、多くの人がついていき、会社が大発展していったのです。

人間的魅力にあふれる経営者の話をもっとご紹介したいのですが、紙面の都合もあり、ここまでにしますが、とにかく、温かい社風づくりをめざして、社員の面倒を公私ともによく見て、ぜひ頑張っていただきたいと思います。

ご健闘をお祈りしております。

（二〇〇四年七月）

「経営者は気概を持て！」と言われますが、いったいどういうことでしょうか？

Q 業績が今ひとつ伸び悩んでおります。経営者仲間からは、「とにかく経営者は気概を持て！」と言われるのですが、いったいどういうことでしょうか？

神奈川県横浜市　S・Yさん（38歳）

A あらゆる分野でテクノロジーが長足の進歩を遂げている昨今、経営者の中には、「気概を持てなどという考え方はもう古い」と思っている方は多いのかもしれません。

しかし、こんな時代だからこそ、経営者は気概を持ちつづけなければならないのです。もちろん、「気概を持て」という言葉の中には、「あらゆるものにチャレンジしていく精神力と度胸と粘り、そしてロマン」等の意味が含まれることは言うまでもありません。ですから、もしも経営者に気概がなくなってしまったら、その会社は滅んでいくしかないのです。これについては、いままでの私の著作やこの本でも、折にふれて述べつづけていることでもあります。

企業をゼロから創業し、さらにその企業を発展しつづけてきた人は、誰もがまちがいなく大きな気概性を持っています。どんなものに対しても、どんな相手であっても絶対に負けないだけの、圧倒的な気概性とそれを現実化させる説得力や実行力があるのです。松下幸之助氏や本田宗一郎氏、盛田昭夫氏といった方を見れば大変よくわかるはずです。この人たちの気概性が、世界の松下や世界のホンダ、世界のソニーをつくりあげてきたと言っても過言ではありません。

本田宗一郎氏にはこんなエピソードがあります。

まだバイクしかつくっていなかったホンダが、「これからは自動車もつくろう」と、当時の通産省に申請に行ったところ、「自動車メーカーはすでにたくさんあり、過当競争になるので許可できません」と言われたそうです。そこで本田氏は、ホンダの乗用車進出を認めようとしなかった当時の通産省事務次官のところへ直談判に行き、大論争を起こしたのです。「あなたのようなビジネスも知らない青二才から、そんな偉そうなことを言われる筋合いは全くない。私たちには自動車をつくる権利があるのだ。既存のメーカーだけが自動車をつくって、われわれが自動車をつくってはいけないとは何事だ。そんなに言うのなら、通産省が株主となって、株主総会でものを言え。われわれ本田技研はきちんと税金を納めて事業を展開しているのだ。もし失敗したら失敗したで、自分たちがダメになるだけなのだ。いったいあなたたち官僚に、そんなことを言う権利があるのか」と。

そうしたところ、その事務次官は、「本田さんのおっしゃるとおりです」ということで、自動車の生産が許可されたのです。トヨタとホンダが国内のみならず、世界の乗用車をリードしている現状は、もちろん皆さん周知のとおりです。もしも本田氏に気概がなく、あの時に官僚に言われたからと引き下がっていたら、今日の自動車メーカーとしての大発展はあり得なかったわけです。

盛田氏の気概性については、ソニーのショールームを初めてニューヨークに開設したときのエピソードを以前もお話し申し上げましたが、今回はもう一つ、別のエピソードをご紹介したいと思います。

ソニーのある製品を海外で生産したときに、「メイド・イン・○○」とかの生産国の証明を記載しなければいけない、と当時の通産省から言われたそうです。

しかし、「何だ、○○製か」ということで、製品の値打ちが下がってしまうことを危惧《きぐ》した盛田氏は、当時の通産大臣まで直談判に行ったのです。「あなたが国会で報告したり答弁したりする資料は、すべてを自分で作成しているわけではないでしょう。それをいちいち、『この報告書は官僚の誰々がつくりました』と言いながら報告したり答弁したりするのですか。言わないはずです。なぜならば、その報告や答弁は大臣の名において全責任を持つからです。責任が持てないものについては発言しないでしょう」と言ったわけです。つまり、「ソニー製品もそれと同じだ！」というわけです。「ソニーと名がつけば、ソニーが全責任を持って品質管理するのだから、そこの何がいけないんだ」と。そうしたら、「盛田さんのおっしゃるとおりです」ということになって、盛田氏の言い分が認められたのです。これなども、相手が大臣であろうと誰であろうと、盛田氏が気概を持ってぶち当たったからこそ、道が開かれたのです。

これこそが、経営者としての責任であり、気概であり、度胸であり、実行力なのです。

このように見ていきますと、いかに経営者には気概が必要かがよくおわかりいただけると思います。すべての成功する要因は、経営者の気概に吸い寄せられていくのです。そして実際に整っていくのです。のるか反るか、勝つか負けるか、成功するか失敗するか、まずは経営者の気概にかかっているのです。

「経営者は気概を持て」とはそういうことです。ぜひ、何ごとにもめげずに頑張ってください。

ご健闘をお祈りしております。

（二〇〇四年八月）

お山の大将にならないためには、どうしたらいいのでしょうか？

Q 私は社員十数名の会社の経営者ですが、最近、経営者仲間から、「お前は近ごろ天狗になっている、お山の大将になっている」と言われてしまいました。自分ではそうならないように気をつけているつもりなのですが、お山の大将にならないためには、いったいどうしたらいいのでしょうか？

広島県広島市　H・Tさん（35歳）

A すべての経営者が、お山の大将になったり、天狗になったりするわけではもちろんありません。しかし、会社の経営がある程度軌道に乗ってきたころに、特に中小企業の経営者が陥りやすい問題点でもあるのです。

会社をゼロから立ち上げてきた人たちは、少ない社員と一緒になって、昼夜を問わず一生懸命になって働き、会社が成功するまで絶対にやめないという、ものすごい精神力と粘りと責任感、ド根性があります。しかしその反面、会社がうまく回り始めると、中小企業の経営者は、お金も時間も当然ある程度自由になりますし、社員は自分の思いどおりに動かせますから、どんなわがままを言っても、それが許される環境になってしまうわけです。ある程度のわがままは必要なのでしょうが、それがどんどん進んでしまいますと、頭を下げて教えを請うとか、人から謙虚に学ばせていただこうという姿勢とか、より高い次元からものを考える習慣や考え方など、ともすると、見失いがちになってしまうのです。

しかしそうなってしまっては、すべてが頭打ちとなり、人望に翳《かげ》りが生じ、社員が離れていくことになります。そして、人間としての進歩や向上も、そこでストップしてしまいます。

そこで、お山の大将や天狗にならないために、ライオンズクラブやロータリークラブなどに入る、という方法があります。実際、多くの経営者の皆さんは、ライオンズクラブなどに入って、自分がお山の大将にならないように努めているのです。

そういうクラブに入りますと、同じような中小企業の経営者がいっぱいいますし、大企業の重役や社長も当然いるわけです。年齢も経験も圧倒的に上の人もたくさんいますし、この道何十年という大ベテランももちろんいます。そういう大先輩にはどう太刀打ちしてもかなわないから、自然と頭を下げるようになりますし、会議で決まった結果が自分の意に反していても、素直に従うようになっていきます。そうやって、礼節を踏まえてお仕えできるようになっていくのです。

これが、ライオンズクラブやロータリークラブに参加する意義ですし、実際、ライオンズクラブなどの会員さんもそうおっしゃっています。協議していくなかで、へりくだってお仕えしていく自分や、素直に従っていく自分、つまり、従業員と同じ立場の自分や人間本来の姿が回復できるわけです。実はこれが、お山の大将や天狗にならないための、大変に重要な要素です。

また、お山の大将や天狗にならないための、もう一つの方法をお話しいたしますと、それは、古今東西の古典を徹底的に読破し、真実の学問と教養を身につける、ということであります。前に、元経団連会長の平岩外四氏のことをご紹介いたしましたが、彼がなぜ、圧倒的な実力者であるにもかかわらず、誰よりも謙虚に、どんな人からも、どんなことからも学びつづけることができたのかと言えば、日本や中国、そして、西欧の古典をことごとく読破し、そこから人類の叡智を吸収して、真実の学問と教養を身につけていたからなのです。まさに、君子の気風泰然とし、淡々とし、英明自ずから謙譲に漂う、という態であります。

そもそも、超一流の経営者や管理職で、お山の大将や天狗になって、ふんぞり返っている人は、見たことがありません。時々いますが、最後は失脚しています。ほとんどは、逆に恐縮するくらいに謙虚で、腰の低い人たちばかりです。それは、真実の学問と深い教養に裏打ちされた、本物の人物だからです。これは、経営者や管理職に限らず、昔の禅僧や大政治家などの本物の偉人たちはみな、一番偉いがゆえに、一番へりくだることができたわけです。

お山の大将にならないためには、他にも、芸術やスポーツなど、いろいろな先生のところに入門して教えを請うなど、方法はたくさんありますが、また別の機会にお話しできたらと思います。

とにかく、みな自分の内面を徹底的に磨くことによって、人間としての器を大きくしてきたわけです。人間としての内面や中身こそが、経営者に最も大切なものなのです。

お山の大将や天狗にならないために、今回は、ライオンズクラブやロータリークラブに入るという方法や、古今東西の古典を読破して真実の学問と教養を身につけるという方法をご説明いたしましたが、お山の大将とは、自分が築いた山しか知らない、無知から生ずるのです。だから、より高くて広い知識から学び、人から学べば、天狗になることはないのです。ぜひ実践して、器の大きい立派な経営者をめざしていただきたいと思います。

ご健闘をお祈りしております。

（二〇〇四年九月）

社員に同じことを何回言っても、なかなか言うことが聞いてもらえなくて困っています。

Q 約三十名いる社員をしっかりと育てなければならないと思うのですが、どの社員も何回同じことを言っても、なかなか言うことを聞いてもらえなくて困っています。いったいどうしたらいいのでしょうか？

愛知県名古屋市　Ｊ・Ｎさん（41歳）

A 実はこのご相談の内容は、中小企業の経営者が持つ共通の悩みでもあります。もともと中小企業には、何らかの事情で大企業をやめた人とか、知力か体力、精神力のどれかが不足している人、あるいは、協調性が欠如しているために、大きな組織ではうまくやっていけないような人、または家族・親戚か友人などが来るものです。ということは、大企業に行くような優秀な社員が少ないというのが、中小企業の現状だということです。これについては、今まで何度もお話し申し上げましたが、まずそのことをしっかりと認識する必要があります。

たとえば、一社員が何かミスをしたとき、大企業ならば、社員がみな優秀ですから、全員を集めて全体的に注意をしたり、説明したりすれば、直ちに留意事項等が全社員に行き渡るでしょう。しかし中小企業で、「実は先日、○○君がこんなミスをしたけれども、あの時はこうすべきだった」などとみんなを集めて注意をしても、ほかの社員は他人事のように聞き、ほとんどがピンとこないでしょう。当の本人も、「えっ、そんなことがありましたでしょうか？　そう言えばそうかなあ」ということになるのが関の山です。それだけ中小企業では、「十を聞いて一か二を知って、八～九は抜けていく」という社員が多いのです。時に優秀な社員がいると、お客さんを連れて独立したり、引き抜かれたりするものです。

そういう普通の社員を育成する方法としては、経営者や上司が、その場で即刻社員に範を示し、できれば人のいないところに呼んで、「ほら、このようにやってごらん」と、具体的に、愛情をもって反復し、何回も根気よく教えてあげなければならないのです。そして、実際に社員にさせてみて、それができるようになったら、「よくできたね。これからもこの調子で頑張るんだよ」と、温かい言葉を必ずかけ、褒めて励ます必要があります。このように、中小企業で人材を育成していくためには、現場主義と率先垂範、そして何よりも、出来の悪い我が子を育てる母親の根気、父親の忍耐とビジョンや信頼という、家族主義がいるのです。

一度教えたからと言って、すぐにできるようにはなりません。それが中小企業の社員なのですから、何回も粘り強く、そして根気よく、育成してあげなければならないのです。

「記憶の効率」という言葉がありますが、「どんなことでも、だいたい四十八回、何度も反復していけば、必ず覚えられるようになるし、必ずできるようになる」と言われています。これは、私も経験上、まちがいないと確信しています。別な人は二十七回という人もいます。経営者や上司が、社員に四十八回言いつづける根気と愛情があれば、やがて社員は、必ずできるようになります。

しかし、あまり口うるさく言い過ぎると、社員は全く言うことを聞かなくなりますから、注意が必要です。聞いているふりをしているだけで、注意する内容が、本人のなかに全く入っていかなくなるばかりか、反抗心さえも芽生えてしまうのです。そういうときには、いったん注意するのをやめて、自分なりの意見を本人から言わせるのが得策です。実際、多くの経営者もそうしていると聞きます。ただし、すぐにできるわけではもちろんありませんから、また注意したくなるのですが、それでは、さらに言うことを聞かなくなりますから、ここはぐっと辛抱して、自分から次にどうするかを言わせるようにするのです。その繰り返しを、まさに一項目につき四十八回やりつづければいいわけです。自分から意見を言わせて、約束させて、上の人間がふだんは一切ガミガミ言わないで、一緒になってやってみるのです。だいたい割合は八対二ぐらいで、八が褒めて励まし、二が注意して怒るのです。これなら聞いてくれます。それは身内であっても、どんなに親しい人であっても同じです。

以上述べてきたように、中小企業の社員には、愛情をもって根気よく、ふだんはあまりガミガミと言わないで、四十八回反復して、現場でその都度、具体的なやり方を示して注意していく姿勢が必要です。それが、中小企業の経営者の大切なパフォーマンスなのです。

社員の教育や育成も会社の経営同様、大変細かく地道なことの積み重ねです。しかし、このきめ細やかな指導と育成こそがすべてであり、細かいことの反復練習を、社員全員に徹底して行き渡らせている会社は、必ず伸びているし、成功しています。

いったん預かった社員です。本当に手はかかるでしょうが、ぜひ愛情をもって、しっかりと社員を育成してあげてください。

ご健闘をお祈りしております。

（二〇〇四年十月）

経費削減の徹底化を図ったら、社員の士気まで下がってしまいました。

Q　先日、経費の見直しをしたら、思った以上に節約できる部分が見つかったので、しばらくの間は経費削減を全社員に徹底させました。しかし、会社全体が沈滞ムードになり、社員の士気も下がってしまいました。いったいどうしたらいいのでしょうか？

香川県高松市　Ｈ・Ｎさん（45歳）

A　このご相談の内容は、どの経営者の皆さんも、実に頭を痛める問題です。しかし、経営者にとって最も大切なのは、私のいままでの著書でも、何度となく申しあげているように、経営の五本柱をバランスよく実行する、ということであります。経営の五本柱とはもちろん、「販売管理」「財務管理」「労務管理」「資金調達」

「税金対策」のことですが、そのなかでも特に、「販売管理」が一番大切で、会社はつねに売り上げが上がりつづけていなければなりませんし、粗利益が取れつづけていなければなりません。「販売管理」がどんどん先行していけば、全社員も一丸となって、生き生きと頑張れる環境をつくることもできるのです。この大原則を見忘れて、どれかの項目だけに目を奪われてしまいますと、管理のための管理となり、やがて会社は、ジリ貧状態に陥ってしまうのです。

しかし、経費の削減は、会社にとって必要であることに変わりはありません。そこでまず、「必要な経費」と「余計な経費」を見極める必要があります。必要な経費とは、売り上げや収入を上げるための経費であり、かつ、顧客を増やすための発展的な経費です。固定費と変動費で見れば、売り上げが上がるにしたがって増えていくのが変動費です。それらは、会社の進歩向上発展のためになくてはならない経費ですから、これらの必要な経費まで削減してはならず、逆に、資金や人材、時間、エネルギーなどを、一層注がなければならないのです。必要な経費まで削減してしまいますと、やがて会社はジリ貧状態になってしまい、社員はもちろんのこと、会社全体の士気や元気、やる気、エネルギーなども削がれ、発展力がなくなってしまうのです。ですから、あくまで削減するのは余計な経費であって、必要な経費まで削減してはいけないのです。

次に、余計な経費の削減についてですが、特に消耗品について、社員に複数の業者に対して相見積をシビアに取っているかを確認していただきたい。相見積は、どの企業でも当たり前に行っているはずですが、たとえば、コピー用紙代にしても、年間を通して、何百万枚も使用する企業ですと、用紙代の単価が一円安くなっただけで、年間で何百万円の経費が削減できるのです。それだけの枚数を使用するのは、大企業なみかもしれませんが、これだけの枚数を使用しているからこそ、納入業者に対して強気で交渉できるとも言えます。さて、「コピー用紙代の単価を何とか一円でも下げていただけませんか」とA社に交渉したとすると、決まって、「いやいや、弊社もこれ以上下げようがないところまで、精一杯、誠心誠意の額を提示させていただいておりますので……」と言ってくるものです。相手の営業の側に立った場合、そう答えるのが本当であり、そう答えないと営業マン失格です。だからこそ、同業他社のしかも、シェアー競争をしている企業に、全く同じ条件で、見積を取るのです。「実は、A社さんは〇〇円という見積額を提示してきたのですが、御社はいかがですか？」と。すると、B社は絶対にシェアーを取りたいですから、同業他社のA社よりも安い金額を提示してきます。そして再びA社に、「あのー、B社さんは△△円という見積額を提示してきましたが……」と言うと、A社も絶対にシェアーを奪われたくありませんから、B社以上に見積額を下げてくる可能性は大です。これらは仕入の努力、資材購入の努力と同様のものです。こうして、一番折り合いのいいところまで交渉をつづけ、たとえば一枚あたりの単価を一円下げることに成功したら、一年間で何百万円、二年間で一千万円に届き、三年間で一千万円を越える経費削減ができるのです。こういう細かいところの消耗品等についても、毎月出費するものから、一つずつ点検する努力を積み重ねていくと、相当額の経費削減が可能になるのです。そして、これらの経費削減努力は決して社員のやる気や社内の空気を変えるものではなく、一番賢明な経費削減の努力の一例となるものです。

ところが、いま申し上げたことに対して、どうしても甘くなりがちな経営者が多いものです。というのは、一日いくらとか、毎月いくらという目で見るから、つい甘くなるのです。これを、「年間でいくらかかるか」「三年でいくらかかるか」というように計算すると、余計にかかる経費の多さに気づくはずです。そしてこれは、大切な社員教育の一環でもあるのです。

しかし、ご相談にありましたように、経営者が四六時中、経費削減のことばかり言いつづけると、会社全体の士気が下がってしまいます。ですから、経費削減については、経営者はもちろんチェックはしますが、ふだんは経理部長や経理課長を通して、無駄な経費の削減を徹底化させるのが得策です。それよりも経営者は、いつも全社員に壮大な夢とロマン、やる気や働くモチベーションを与え、発展的で攻撃的な社風を作ることが大切です。そして、経営の五本柱をバランスよく実行し、特に、「販売管理」に積極的に力を注いでいけば、必ず会社は発展するはずです。ぜひ頑張ってください。

ご健闘をお祈りしております。

（二〇〇四年十一月）

経営コンサルタントの意見を聞いているうちに、自分の経営方針までが見えなくなってきてしまいました。

Q 厳しい現状がしばらく続いていたので、数カ月前から経営コンサルタントに相談するようになりました。しかし、彼の意見を聞いているうちに、自分の経営方針までが、だんだん見えなくなってきてしまいました。

北海道札幌市　S・Kさん（37歳）

A 今まで何度も申し上げていますが、たくさんの情報を持っているコンサルタント会社に相談したら、かえって経営がぐちゃぐちゃになって方向性を見失い、結果、失敗してしまった、というケースはとても多いのです。また、経営コンサルタントが実際に経営して、成功したためしはないとも言われています。まず、そのことをしっかりと認識しなければなりません。

というのも、経営コンサルタントは客観的なデータを示しながら、いろいろとプレゼンテーションをしてきますが、「ではわが社は、具体的にどこをどのようにしたらいいのか、どう決断したらいいのか」と尋ねても、十中八九、結論を出してはくれないのです。なぜなら、クライアントがその通りに実践してうまくいかなかったときに、「どう責任を取ってくれるんだ！」と言われるのが、経営コンサルタントにとっては困ることだからです。

ですから、「こういう方法もあります。ああいう手法もあります」ということに終始するだけで、なかなか結論を出そうとしないのです。そうしているうちに、経営者はコンサルタントの意見に振り回されて、自分の経営方針が見えなくなってしまうのです。しかしこれも、経営者に強い意志と正しい判断力があれば、必ず避けられるのです。そこで今回は、このような憂き目に遭わないためにも、「経営者は断固とした意志の力を持て！」ということを、はっきりとお話ししたいと思います。

以前にも申しましたが、志とは、「心が方向性を持って方向を『さす』こと」ですから、志を内包する意を、意志とも言うのです。意志の意は「意識」であり、意志の志は「志」であります。つまり、意志とは「意識と志」なのです。「こうありたい！」という「意識」と、「将来必ずこうするんだ！」という具体的な「志」があってはじめて意志となり、あらゆるものの原動力となります。もちろん、成功するためには他にもいろいろな要素が必要ですが、何が一番大事かと言えば、何にも増して意志の力なのです。

たとえば、「わが社には優秀な人材が集まらない」とか「売り上げが思うように上がらない」と、のん気に構えている意志力の弱い経営者に、果たして優秀な人材が集まるのでしょうか。また、売り上げが目標以上に上がるのでしょうか。絶対にあり得ないことです。逆に、「何が何でも優秀な人材を集めるんだ！」「徹底的に売り上げを上げて上げて上げまくるぞ！」と、断固とした意志力を貫き通して、具体的に行動している経営者には、素晴らしい人材が必ず集まってきます。また、売り上げを上げるのに必要な知恵もアイデアも次々と浮かんできて、どんどん売り上げを伸ばすことができるのです。

つまり、経営者の意志力に、人・物・金が集まってくるのです。意志の力に引っ張られると言っていいかもしれません。そして、意志力のある経営者は、毎日をものすごくエネルギッシュに生きていて、たとえ高齢であっても、若者に負けないくらい元気で、健康そのものです。体全体からパワーがほとばしり出ており、また、かくしゃくとしています。そういう人で病気がちだという方を、ほとんど見たことがありません。かくいう私も、ここ二十数年、風邪で寝こんで休んだことは一度もありません。ということは、健康も精神力も、そして寿命までもが、強固な意志力に引っ張られる、ということなのです。

貫き通す意志力がすべてなのです。強い意志の向かう方向に、人間の全知全能が奮い起こされ、肉体や神経、精神、健康、寿命、そして、知恵もアイデアも運も整って、必ず目標が達成されるのです。

ところが、いろいろと迷った時は決断ができない時もあります。そういう時は、最悪のケースを想定して、その時にどうするかの腹を決めるのです。そうすれば決断できます。また、つねに最善の決断はなく、完全な決断もないことを知って、よりベターな決断、最悪を避ける決断をするつもりでいれば、決断できるのです。強い意志力と頑固であることは違います。決断に際してこういう姿勢があれば、頑固ではなくなるはずです。

経営コンサルタントに相談したいというお気持ちは大変よくわかりますが、コンサルタントの意見に振り回されていた自分が、いかに意志力や決断力が弱かったか。これでよくおわかりいただけたと思います。確かに、人の意見を聞かなければならないときもあります。しかし、聞きすぎると何もできなくなってしまうのです。人の意見は聞くだけ聞いて参考にする、という程度が最もいいのです。逆に、経営コンサルタントに対して、経営者から意見を出し、専門的意見とすり合わせたり、専門知識を吸収しながら、独自の方法で経営を進めていくのが、一番賢いやり方です。すぐれた経営者は、みなそうやって、専門家を使いこなしているのです。

また、「厳しい現状がつづいていた」ということですが、現実はあまり見過ぎてはいけないのです。確かに難しいことですが、半分は未来を見て、半分は現実を見る。そうすると、現実を変えていくことができます。しかし、現実を見過ぎてしまうと、現実の奴隷となってしまい、何もできなくなってしまうのです。

以上申し上げたように、貫き通す意志力こそがすべての原動力であり、その意志の力に、人・物・金はもちろんのこと、あらゆるものが集まってきて、必ず成功できるし、必ず成就できる、ということを、ぜひ認識していただきたい。そして、コンサルタントを使いこなし、あくまでも会社を経営しているのは自分なのだ、という自信を持って、経営にあたっていただきたいと思います。ぜひ頑張ってください。

ご健闘をお祈りしております。

（二〇〇四年十二月）

経営者仲間から、「経営者は少年のような心を失ってはいけない」とよく言われますが、意味が、いまひとつよくわかりません。

Q 最近、経営者仲間から、「経営者が少年のような心を失ったら、その会社は危ない」とよく言われます。言いたいことは何となくわかるのですが、具体的にはどういうことでしょうか。

東京都武蔵野市　T・Mさん（40歳）

A ご自身が子どもだったころのことを思い返していただければ、よくわかると思いますが、子どもは未知の世界に遭遇すると、「これなあに、あれなあに」を連発します。そして、親の答えに納得できなければ、「なぜなの、どうしてなの」と執拗《しつよう》に食い下がります。また、好きなことなら何時間でも集中し、親がやめなさいと言っても決してやめようとしません。まさに子どもは、好奇心の固まりであり、ものすごい凝り性と言ってもいいでしょう。しかし、子どもから大人へとだんだん成長するにつれて、「こんなことをやったら格好が悪い」とか、「こんなことを質問したらみんなに笑われる」などという、恥や外聞を気にする心が次第に芽生えてきます。また、世間に妥協したり、こんなことをやって何の意味があるんだろうかと、すぐに諦めたりするようになります。これが大人の心であり、別名、「常識」や「分別」と呼ばれるものです。

確かに、社会人として生活していく上で常識を欠いてはなりませんが、度が過ぎると、大切な好奇心の芽を摘んでしまい、世界の名画や名曲にふれても感動しないような、感性の鈍い人間になってしまいます。同時にまた、功利性を求めるあまり、何でも楽をしようという怠惰な心を植えつけてしまう恐れもあります。しかし、そうなってしまっては、刻々と移り変わっていく人の心や、社会の変化を敏感にキャッチすることなどできなくなってしまいます。ましてや、世間がアッと驚くような素晴らしいアイデアや発明を生み出すことなど、絶対に不可能と言えるでしょう。当然、創作力や工夫をお金にするまでの粘りや根性や度胸等が、立派に求められる経営者が務まるはずもありません。

私はこの本で、本田宗一郎氏のエピソードを何度か紹介してきました。まさに彼こそは、少年のような素晴らしい感受性と夢を持ちつづけ、現状を次々と打破してきた偉大な経営者であり、かつ発明家でもあったのです。彼を見ていると、経営者はいかに少年のような心を持ちつづけなければならないかが、よくわかります。

通称「バタバタ」と呼ばれるモーターバイクが商品化され、大ヒットしたことは夙《つと》に有名です。戦争中に、軍需目的で製造された発電用の小型エンジンが、終戦によって使い道がなくなり、放置されたままになっていたのに目をつけた本田氏は、この小型エンジンを安く買いつけ、自転車に取り付けて商品化することを考えつきます。身内や知人からは、「燃料のガソリンが手に入らないのに、そんなエンジン付きの自転車をつくったところで、誰が買うんだ!」と、猛烈に反対されます。しかし本田氏は、「ガソリンがないからこそ、少ないガソリンで走れる乗物が売れるんだ！」と大反論し、強引に周囲を説得します。果たせるかな、このエンジン付きの自転車は、本田氏の予想どおり大成功を収めました。

ホンダはその後、この「バタバタ」をベースに、世界に通用するモーターバイクをつくり上げ、日本を代表するバイクメーカーに成長していきます。本田氏は大企業の経営者になってもなお、作業服に身を包んでペンチを握りつづけ、社長室の椅子に腰を下ろすことはほとんどなかったと言います。大企業の経営者と言えば、社長室の大きな椅子にデーンと腰を下ろしているというイメージですが、そういう常識を見事に打ち破ったのです。本田宗一郎氏の残した名言に、「真に創造的な人間は、オッチョコチョイかもしれないね。ともかく常識の枠を破らなくちゃいけないのだから」

というのがあります。

本田技研工業はその後、ＣＶＣＣという世界に例を見ない低公害エンジンの開発を足がかりに、世界に冠たる自動車メーカーへと成長を遂げていきますが、もしも少年のような心の本田宗一郎という経営者がいなかったら、「世界のホンダ」は、全く存在しなかったはずです。

前述したように、本田技研工業が世界的な大企業になっても、本田氏は率先して現場に立ち、油まみれになって働きつづけたのです。そんな本田氏の姿に励まされた若手エンジニアたちが、「おれたちも頑張らなきゃ！」と発奮し、当時不可能と言われた米国マスキー法の定める基準を、見事にクリアする低公害エンジンの開発に夢中になって取り組んだのです。そして、ついに世界で初めて同法をクリアするＣＶＣＣエンジンの開発に成功したという話は、あまりにも有名です。

本田宗一郎氏のように、経営のトップが少年のような瑞々しい心を持ちつづけ、常識の壁を打ち破る姿勢がある限り、企業の生命力は生き生きとし、進歩と発展力は衰えることがないのです。さらに、「楽をしたい」とか「面倒くさい」、「あえて危険を冒したくない」という、老化する心の壁を打ち破る姿勢を保ちつづけている限り、社員の一人一人も成長をつづけていくのです。

ですから、企業経営は単に経営技術に優れていれば、誰にでもできるというものではありません。社員も顧客も人間ですから、人間の心や想像力に働きかける内面性が必要なのです。その内面性の中に、成長していく人間の原点と言える「少年の心」があります。どうか、知性や肉体は年とともに成熟し、老化しても、心だけは少年のようでありつづけてください。それが、会社の発展力の源になるのですから。

（二〇〇五年一月）

深見東州（半田晴久）Ph.D.

株式会社　菱法律・経済・政治研究所
代表取締役社長。

1951年、兵庫県生まれ。

カンボジア大学総長、政治学部教授。

東南アジア英字新聞論説委員長。

東南アジアテレビ局解説委員長。

中国国立浙江工商大学日本文化研究所教授。

その他、英国、中国の大学で客員教授を歴任。

社団法人日本ペンクラブ会員。現代俳句協会会員。

声明の大家（故）天納傳中大僧正に師事、天台座主（天台宗総本山、比叡山延暦寺住職）の許可のもと在家得度、法名「東州」。臨済宗東福寺派管長の（故）福島慶道師に認められ、居士名「大岳」。

国内外に十数社を経営し、実践派経営コンサルタントとして多くのシンポジウム、講演会を主宰、経済・政治評論活動を行っている。

人生論、経営論、文化論、宗教論、書画集、俳句集、小説、詩集などの著作も多く、『「日本型」経営で大発展』、『UNDERSTANDING JAPAN』や、188万部を突破した『強運』をはじめ、文庫本を入れると著作は300冊以上に及び、7カ国語に訳され出版されている。


（2022年7月現在）

深見東州氏が所長を務める経営コンサルタント会社「株式会社　菱《びし》法律・経済・政治研究所」では、経営相談、各種セミナー等、様々な活動を行っております。資料パンフレットもございますので、詳しくは下記連絡先までお問い合わせ下さい。

株式会社　菱《びし》法律・経済・政治研究所（略称 菱研《びしけん》）
〒167-0053　東京都杉並区西荻南 2-18-9　菱研ビル 2 階
フリーダイヤル　0120-088-727
電話　03-5336-0435　　FAX　03-5336-0433
メールアドレス　bcc@bishiken.co.jp
ホームページ　https://www.bishiken.co.jp

たちばなビジネス新書

これが経営者の根性の出し方です

平成二十七年十二月十日　初版第一刷発行
令和四年十二月二十五日　初版第三刷発行

著　者　深見東州
発行人　杉田百帆
発行所　株式会社　たちばな出版
〒167-0053
東京都杉並区西荻南二丁目二〇番九号
たちばな出版ビル
電話　〇三-五九四一-二三四一（代）
FAX　〇三-五九四一-二三四八
ホームページ　https://www.tachibana-inc.co.jp/

印刷・製本　シナノ印刷株式会社

ISBN978-4-8133-2537-6